Lassen Sie Ihren Träumen Flügel wachsen

Tagträume:
Quellen der Freude und des Glücks

von

Rudolf Riedl

Manuskript aus dem Jahre 2000
Ursprünglicher Titel: Lass deinen Träumen Flügel wachsen!
Originalausgabe
1. Auflage
April 2003 Röttenbach
Copyright Rudolf Riedl
Alle Rechte vorbehalten
Herstellung: Books on Demand GmbH, Norderstedt
Printed in Germany
ISBN 3-8330-0328-6

Bibliographische Information Der Deutschen Bibliothek:
Die Deutsche Bibliothek verzeichnet diese Publikation in der Deut-
schen Nationalbibliographie; detaillierte bibliographische Daten sind
im Internet über <http://dnb.ddb.de> abrufbar.

1 Auf in Ihr persönliches Paradies!

1.1 Der Fahrplan ins Land der Phantasie

Lassen Sie uns auf eine faszinierende Reise gehen. Gemeinsam machen wir uns auf den Weg in die Welt der Phantasie zu Ihren Wünschen und Freuden. Tagtraumreisen ins Land der Phantasie sind packend wie ein spannender Roman und bezaubernd wie ein mitreißender Kinofilm. Im Gegensatz zu Büchern und Filmen sind Ihre persönlichen Tagträume jedoch etwas sehr Privates und Einmaliges, denn sie kommen aus der Tiefe Ihrer Seele. In der Welt Ihrer Tagträume bestimmen Sie allein den Ablauf des Geschehens. Sie legen die Regeln und Gesetze Ihrer Phantasiewelt fest, und haben es in der Hand, jederzeit wieder in die Alltagswelt zurück zu kehren. Im Land der Phantasie können Sie nicht verloren gehen.

Die Fähigkeit Phantasien zu erleben besitzt jeder Mensch. Bereits dann, wenn Sie sich bei Ihrer Fahrt ins Büro überlegen, wie schön es wäre, jetzt Urlaub zu haben und an einem weißen Sandstrand zu liegen, befinden Sie sich in Gedanken im Land der Phantasie. Diese Fähigkeit wollen wir kultivieren.

Neben beiläufigen und zarten Tagtraumgebilden gibt es ein weites Feld an Phantasieerlebnissen, die intensiver sind und einen ganz bestimmten Zweck erfüllen. Als die intensivsten Phantasieerlebnisse gelten die luziden Träume. Ich habe die verschiedenen Arten des Tagträumens ausführlich in meinem Buch <Wenn die Seele Urlaub macht> beschrieben.

In den fünf folgenden Kapiteln geht es jedoch weniger um den Nutzen des Tagträumens für die Bewältigung des Alltags. Wir wollen zu unserem Vergnügen ins Land der Phantasie reisen und in Erlebnissen schwelgen, die uns im Alltag verschlossen bleiben! Was wir dazu brauchen, ist ein Ort, an dem wir gut entspannen können, Zeit, und eine Reihe einfacher Techniken, mit denen wir das Tor ins Reich der Phantasie weit öffnen.

Das *erste Kapitel* macht Sie mit dem Reisen in Phantasiewelten vertraut und zeigt Ihnen, was Sie auf den kommenden Seiten erwartet. Sie erfahren, was es mit den Bilderwelten der Vorstellungskraft auf sich hat, wie sich das Land der Phantasie vom Alltagsleben und von Schlafträumen unterscheidet und wie das Öffnen der Pforten in das Land der Phantasie Ihr Leben bereichern wird.

Im *zweiten Kapitel* geht es um den Sinn von Phantasien. Viele Wünsche im Leben scheitern an der Machbarkeit. Sie lassen sich nicht realisieren. Leider sind das oft die faszinierendsten! Mit Machbarkeit meine ich die Gesetze der Natur, die Regeln der Menschen und Ihren gesundheitlichen Zustand. Die

Gesetze der Natur lassen es nicht zu, dass Sie ohne Flügel fliegen, am letzten Bankett auf der Titanic am 15. April 1912 teilnehmen oder für eine Stunde in die Steinzeit reisen. Während Sie in die Vergangenheit nicht reisen können, *dürfen* Sie nicht mit mehreren Partnern gleichzeitig verheiratet sein oder für einen Tag die Regierungsgeschäfte übernehmen. Und wenn es Ihre Gesundheit nicht erlaubt, weil Sie krank und gebrechlich sind, dann können Sie sich die Natur-wunder des Hochgebirges allenfalls auf Bildern oder aus dem Fenster eines Flugzeugs ansehen. Um wie viel schöner wäre es, sich in Form eines Tagtraums tatsächlich auf eine Wanderung zwischen Fels und dunkelgrüne Tannen zu begeben, immer am klaren, plätschernden Bächlein entlang ...

Fragen der Machbarkeit spielen im persönlichen Land der Phantasie keine Rolle. Und ob Sie die Ge-setze der Natur, gesellschaftliche Normen, religiöse Vorstellungen oder Fragen der Moral als beschrän-kende Faktoren Ihrer Phantasiewelt zulassen, liegt ganz alleine an Ihnen. Wenn Sie wollen, fliegen Sie in Sekundenbruchteilen auf die andere Seite der Erde oder nehmen den Menschen Ihrer Träume in die Ar-me!

Im *dritten Kapitel* lernen Sie, die äußeren Bedingun-gen für Ausflüge ins Land der Phantasie zu verbes-sern. Ausgedehnte Reisen in die Vorstellungswelt erfordern Zeit. Wenn Sie in Ihrem Tagtraum eine halbe Stunde über den weißen Korallensand einer Südseeinsel schlendern, vergeht auch in Ihrer All-tagswelt, in der Ihr Körper scheinbar schlafend in seinem Bett liegt, Zeit. Im dritten Kapitel finden Sie Anregungen, die Ihnen helfen, sich in Ihrem Leben Zeit für Phantasiereisen zu schaffen.

Neben Zeit benötigen Sie für erfüllende Tagträume einen Ort, an dem Sie sich ungestört Ihren Phantasien hingeben können. Die beste Startrampe für Reisen auf die Insel des Glücks ist Ihr Bett. Aber auch eine Sandkuhle am Strand, ein Baumhaus im Wald, eine Bank im Park, der Rücksitz Ihres Autos oder die geheimnisvolle, dunkle Ecke auf dem Dachboden hinter dem alten Schrank eignen sich für Reisen in die Welt der Phantasie.

Im *vierten Kapitel* öffnen wir das Tor in Ihre innere Welt. Ich zeige Ihnen, welche Zutaten Sie für herrlich bunte und überraschend lebensechte Phantasien brauchen. Sie bekommen eine Anleitung mit den wichtigsten Elementen für ein spannendes, beglückendes, erotisches und, wenn Sie es wollen, Gänsehaut einjagendes zweites Leben.

Solange Sie noch wenig Erfahrung mit Tagtraumexkursionen haben, sollten Sie Ihre Reisen auf die Insel des Glücks von Beginn an planen. Diese Pläne spielen bei Ausflügen in die Phantasiewelt die gleiche Rolle wie Wegbeschreibungen bei Wanderungen in unbekanntem Gelände. Bereits im Handlungsplan schaffen Sie sich den Rahmen, in dem sich Ihre Abenteuer abspielen werden. Überlegen Sie sich das Thema Ihrer Phantasiereise: „Ich auf Urlaub an einem tropischen Südseestrand". „Ich in den Armen eines zärtlichen Partners". „Ich auf der Schiffsbrücke neben Christoph Kolumbus". Anhand der im Plan festgehaltenen Geschehensabläufe wissen Sie, wohin die phantastische Reise gehen soll (in die Südsee, zu den Rocky Mountains, in die Nähe Ihres derzeitigen Aufenthaltsortes) und wie sich die Handlung entwickeln wird. Ihr Handlungsplan ist der Reiseführer in Ihre innere Welt, in der so viele Wünsche auf Erfüllung warten.

Eine wichtige Voraussetzung für Reisen in die Phantasiewelt ist die Fähigkeit, förderliche Gedanken zu stärken und störende Gedanken zu unterdrücken. Wenn Sie am Strand einer Südseeinsel unter hohen Palmen auf dem warmen, weißen Sand stehen und zwischen dem Blau und Grün der Hortensienbüsche ihren Lieblingspartner erscheinen lassen, dürfen sich keine negativen Vorstellungen in Ihre Gedanken einschleichen. Allzu leicht könnte statt des geliebten Menschen in seiner strahlenden Schönheit und Attraktivität ein ganz anderes Wesen auftauchen.

Kapitel fünf bringt Leben, Licht und Farbe in Ihre Phantasien. Im Rahmen praktischer Übungen entwickeln Sie die Fähigkeit, mit geschlossenen Augen Bilder zu sehen. Mit Ihren <inneren Augen> werden Sie im Blätterdach der Südseeinsel so viele Grünschattierungen erkennen und im Korallensand so viele glitzernde Weißnuancen entdecken, dass in Ihrem persönlichen Paradies bereits das Sehen zu einer lustvollen Erfahrung wird.

Neben Ihrer Fähigkeit, mit den inneren Augen zu sehen, werden Sie auch Ihr inneres Gehör aktiveren. Zu der bewegten Oberfläche des Meeres vor Ihren Füßen gesellt sich das Tosen und Rauschen, das Plätschern und Zischen der am Strand leckenden Brandung. Zusammen mit den Eindrücken der Körperschwere, der Berührung, des Geschmacks und Geruchs entfaltet sich Ihnen ein Erlebenspanorama, das der realen Alltagswelt an Klarheit und Tiefe kaum noch nachsteht. Zusätzlich lernen Sie, sich in Ihrer Phantasiewelt so zu bewegen, wie Sie es von Ihrem Alltagsleben her gewohnt sind: Sie können mit Ihrem Phantasiekörper in der Phantasiewelt Handlungen durchführen, die Sie zuvor geplant haben, und Sie können erleben, wie diese Handlungen auf Ihre Phantasiewelt wirken. Im Unterschied zum Alltag bestimmen jedoch *Sie* was in Ihrem Paradies der Glückseligkeit geschieht.

Manchmal verläuft auch im Land der Phantasie nicht alles nach Wunsch – sei es, dass Sie sich nicht richtig entspannen können, dass Sie während Ihrer Tagtraumreise einschlafen oder dass sich gegen Ihr Handeln in der Phantasiewelt Widerstände aufbauen. Solche Probleme sind nicht unüberwindbar, aber sie halten auf, sie stören Ihre Konzentration, sie nehmen Ihnen die Freude an Ihren Phantasien und berauben sie eines Großteils ihrer Klarheit und Kraft.

Im *sechsten Kapitel* zeige ich Ihnen, wie Sie die meisten dieser Probleme bereits vor der Entstehung ausmerzen und wie Sie reagieren, wenn doch einmal Schwierigkeiten in Ihrem Phantasieerleben auftauchen. Sie werden lernen, Ihre Ängste zu besiegen und Hemmungen zu überwinden. Für die häufig in Tagträumen zu beobachtenden Unterbrechungen des

Handlungsflusses gebe ich Ihnen im sechsten Kapitel leicht handhabbare Tipps.

Exkursionen in Ihr persönliches Land der Phantasie dienen Ihrer Lebensfreude. Nur Sie entwerfen Ihre Phantasien. Sie sind die Hauptperson der Handlung. Reisen in Ihr persönliches Paradies sind wie ein zweites Leben, in das Sie von Zeit zu Zeit schlüpfen, um all das zu erfahren, was Ihnen Ihr Alltag versagt.

Mit bewusst erzeugten Phantasien stellen Sie ein intimes Verhältnis zu Ihrem inneren Selbst her. Indem Sie Ihre geheimsten Wünsche zulassen, um sie in Ihrem Phantasieland auszuleben, lernen Sie sich besser kennen. Sogar die Alltagswelt werden Sie mit Hilfe von Erfahrungen aus dem Land der Phantasie mit neuen Augen zu sehen. Unmögliches gibt es für Sie nicht mehr. Alles, was Sie sich wünschen, steht Ihnen in der Welt der Phantasie offen. Alle Ihre Anliegen, und seien sie im Alltag noch so unrealisierbar, warten schon im Land der Tagträume auf ihre Erfüllung.

Lassen Sie sich also von der Vorfreude auf den weißen Strand Ihrer Phantasieinsel bei der Alltagsarbeit beflügeln. Freuen Sie sich in den liebevollen Armen Ihres Phantasieland-Partners auf die Zärtlichkeit Ihres aktuellen (oder noch zu findenden) Partners in der Alltagswelt.

Im Text finden sich folgende Synonyme für „Tagträume":
Land der Phantasie, Phantasiewelt, Phantasieland, Insel des Glücks, Paradies, persönliches Paradies, Tagtraumparadies, inneres Paradies, Tagtraumwelt, Vorstellungswelt, phantastische Welt, phantastische Exkursion, phantastische Traumwelt und weitere.

1.2 Nutzen Sie dieses Buch zu Ihrem persönlichen Glücklichsein

Lassen Sie sich Zeit für dieses Buch. Stecken Sie Ihre Nase hinein und nehmen einen tiefen Atemzug. Versuchen Sie, das Salz des Meeres zu riechen, und die erhabene Ruhe eines makellos weißen Schneefeldes zu spüren. Ihr Ratgeber für Reisen in die Welt der Phantasie ist der rote Faden zu den Quellen Ihres Selbst. Lassen Sie den Alltag hinter sich. Blättern Sie die Seiten durch, lesen das Inhaltsverzeichnis und stellen sich langsam auf die außergewöhnlichen Erlebnisse ein, die vor Ihnen liegen ...

Die Kultivierung Ihrer Phantasie ist ein großer Schritt zu mehr Selbstliebe. Nur wenn Sie sich selbst lieben, sind Sie in der Lage, auch andere Menschen zu lieben. Gehen Sie während Ihres Aufenthalts im Land der Phantasie ganz in dieser Selbstliebe auf. Genießen Sie in der Vollkommenheit Ihrer Vorstellungswelt hemmungslos alle nur erdenklichen Erlebnisse des umfassenden Glücks, der abenteuerlichen Spannung und der märchenhaften Freude.

Klare und mitreißende Erlebnisse der persönlichen Phantasie lassen sich um so leichter verwirklichen, je mehr man an sein persönliches Land der Phantasie glaubt. Also glauben Sie an Ihre Phantasie und freuen sich auf einen Strauß unvergesslicher Erlebnisse. Lassen Sie sich fallen und tauchen ein in die süße, Kraft spendende und liebevolle Welt Ihrer Phantasie.

Ich wünsche Ihnen viel Freude bei der Reise in ihr persönliches Paradies!

2 Das Land, in dem Ihre Wünsche wahr werden

Ihre Laune, Lebenseinstellung und Denkweise beruhen im wesentlichen auf Ihren Erfahrungen. Doch Erfahrungen sind nichts weiter als Erlebnisse. Es spielt keine große Rolle, wo diese Erlebnisse entstanden sind. So kann ein schöner Traum den ganzen Tag mit Freude füllen. Wer kennt nicht die Vorfreude auf ein spannendes Buch oder einen fesselnden Film? Mit unseren selbstentworfenen Phantasien können wir uns genau die Erlebnisse erschaffen, die wir für ein glückliches Leben brauchen. Wenn wir unsere Phantasien und Tagträume kultivieren, besitzen wir eine nie versiegende Quelle der Freude

2.1 Im Alltag lassen sich viele Wünsche nicht erfüllen

Leider bleiben im Leben die meisten Wünsche auf der Strecke. Das hat logische Gründe. Jede Entscheidung für eine Erfahrung blendet andere Erfahrungsmöglichkeiten aus. Wenn Sie sich für die Ausbildung in einem Beruf entschließen, dann entschließen Sie sich zugleich gegen die Ausbildung in einer Reihe anderer Berufe. Wenn Sie sich für einen Lebenspartner entscheiden, dann entscheiden Sie sich zugleich gegen eine Reihe anderer Lebenspartner. Sie können sich auch nicht an zwei Orten gleichzeitig aufhalten, um beispielsweise in Europa Weihnachten zu feiern und zugleich in der Südsee Urlaub zu machen.

Diese *prinzipielle* Unerfüllbarkeit vieler Wüsche beruht auf der Logik und Struktur unserer Welt und findet ihren Ausdruck in den Gesetzen der Natur. Kein Mensch kann sich aus eigener Kraft in die Luft erheben, an zwei Orten gleichzeitig aufhalten, aus der Jetztzeit in die Vergangenheit oder Zukunft reisen, zu fernen Galaxien fliegen oder das Körpergefühl eines anderen Menschen erfahren.

Naturgesetze bestimmen, was Sie nicht tun *können*. Soziale Regeln geben vor, was Sie nicht tun *dürfen*. Beispielsweise dürfen Sie nicht nackt durch die Straßen Ihrer Stadt laufen, mit mehreren Partnern verheiratet sein, mit dem Auto in der Fußgängerzone herumfahren oder dem Verkehrspolizisten eine Ohrfeige geben.

Neben solchen ursächlichen Einschränkungen hindern uns die körperliche und geistige Verfassung, sowie ein Mangel an Zeit und Geld daran, unsere Wünsche uneingeschränkt zu erfüllen. Darüber hinaus wachsen in uns ständig neue Wünsche heran, von denen nur die wenigsten wahr werden. In Ihrem Alltagsleben könnten Sie sich selbst dann nicht alle Ihre Träume erfüllen, wenn Sie unsterblich wären!

Wünsche, die sich in der Alltagswelt wegen körperlicher Probleme, des Mangels an Zeit und Geld, und aufgrund von unbestechlichen Naturgesetzen und sozialen Regeln nicht verwirklichen lassen, können Sie sich in Ihrer Phantasiewelt im Rahmen von Tagträumen erfüllen. Im Land der persönlichen Phantasie spielen Fragen der Machbarkeit keine Rolle.

2.2 Wie persönliche Phantasien Ihr Leben verändern

In Tagträumen zu schwelgen ist nicht nur unbeschreiblich schön. Reisen in die Vorstellungswelt bereichern auch Ihren Alltag.

Die Vorteile von Phantasiereisen sind offensichtlich:

- **Die Erlebnisse im Land der Phantasie eignen sich hervorragend zur ganzheitlichen Lebensplanung.** Tagträume, die eine Vielzahl von Sinnensvorstellungen einbeziehen, sind dem realen Leben viel näher als bloßes Nachdenken. Sie können in ihnen alle erdenklichen Zukunftsszenarien durchspielen und daraus Verhaltensweisen und Strategien für die Planung Ihres Lebens ableiten.

- **Tagträume schenken Ihnen Kraft und Motivation** zur Verwirklichung Ihrer Vorhaben und Ziele. In Ihrem persönlichen Land der Phantasie können Sie erleben, wie es ist, Ihre Lebensziele bereits erreicht zu haben – und das in einer Anschaulichkeit, wie sie mit bloßem Nachdenken nicht möglich wäre.

- **In Ihren Tagträumen können Sie Erlebnisse verarbeiten**, die Sie schon lange bedrücken und die schwer auf Ihrer Seele lasten. Wiederholen Sie Erfahrungen, die Ihnen Angst bereiten, so oft, bis die Angst schwindet. Verfahren Sie ebenso mit Zukunftsängsten: Wenn Sie sich vor einer zukünftigen Situation fürchten, dann durchlaufen Sie sie so oft, bis sie zur Gewohnheit wird.

- **Reisen in das Land Ihrer Phantasie sind eine wirksame Strategie zur Änderung eingefahrener Routinen.** Selbst bei der Raucherentwöhnung haben sie sich bereits bewährt. Durchforsten Sie Ihren Lebensalltag auf seine Sinnhaftigkeit. Erleben Sie sich als Nichtraucher in einer Gruppe von Rauchern und fühlen sich befreit von jeglichem Zwang zur Zigarette.

- **Die therapeutische Wirkung von Tagträumen** ist belegt. Reisen ins Land der Phantasie verbessern das Allgemeinbefinden und steigern das Selbstwertgefühl.

Der Nutzen Ihrer Phantasiewelt-Reisen bei der strategischen Lebensplanung, Erschließung Ihrer Kraft-

und Motivationsreserven, Verarbeitung unangenehmer Erlebnisse, Vorbereitung auf erwartete Zu-
kunftsereignisse, Änderung eingefahrener Routinen
und Steigerung des Selbstwertgefühls können Ihr
Alltagsleben grundlegend zum Positiven verändern.
Wo es im Rahmen unseres Tagtraum-Lehrgangs nötig ist, komme ich auf diese positiven Auswirkungen
der Tagtraumwelt zurück. Sie sind jedoch nicht das
Hauptthema dieses Buches. Auf den kommenden
Seiten geht es vor allem um die Erfüllung Ihrer tiefs-
ten, privaten, innigen Wünsche im Land der Phantasie.

2.3 Sind persönliche Phantasien weltverneinend?

Sie haben sich dazu entschlossen, in Ihr persönliches
Land der Phantasie zu reisen, um Ihre im Alltagsleben unerfüllbaren Wünsche wahr werden zu lassen.
Besteht da nicht die Gefahr der Flucht aus der Wirk-
lichkeit in eine Parallelwelt, die dem eigenen Wollen
keinen nennenswerten Widerstand entgegensetzt?
Auf den ersten Blick drängt sich der Verdacht der
Weltverneinung tatsächlich auf, denn wenn Sie die
Techniken des Reisens in die Welt Ihrer Phantasie
erst einmal beherrschen, können Sie auf ungefährli-
che und leicht zu praktizierende Weise die span-
nendsten Abenteuer erleben, Sie können ohne Risiko

die tollkühnsten Mutproben bestehen und sich, ohne negative Folgen befürchten zu müssen, den verwegensten Liebeleien hingeben. Was, wenn Ihnen Ihre Phantasien wichtiger werden als Ihre Alltagswirklichkeit? Kann es nicht sein, dass Sie sich in Ihren Tagträumen verlieren und Ihr Alltagsleben vernachlässigen? Kann es geschehen, dass der Phantasiepartner aus Ihren Tagträumen Sie derart in seinen Bann schlägt, dass Sie es gar nicht mehr in Erwägung ziehen, den netten Typ von nebenan kennen zu lernen? Ist es möglich, dass Sie sich lieber in Ihrer Phantasie am Traumjob des Reiseleiters erfreuen, anstatt sich in Ihrem Alltagsleben um eine entsprechenden Stelle zu bemühen? Keine Angst! Die Techniken aus diesem Buch halten Sie nicht vom wirklichen Leben ab. Sie rauben Ihnen weder Kraft noch führen sie Sie auf den falschen Weg. Im Gegenteil. Tagträume geben Kraft und schenken Klarheit. Die Gefahr der Weltflucht ist nicht größer als beim Lesen eines faszinierenden Romans oder der Betrachtung eines spannenden Films. Tagträume helfen, den Lebensalltag glücklicher und freudvoller zu gestalten. Sie sind ein sicherer Hafen für Gefühle. Sie stabilisieren Ihre Identität, bauen Stress ab, lösen Konflikte, verhelfen zu neuem Lebenssinn, regulieren Ihre Stimmung, helfen neue psychische Strukturen zu organisieren - und vor allem machen sie jede Menge Freude.

Damit sind persönliche Phantasien ein ideales Mittel zu einem erfüllten Leben. Und jede Erfüllung geht wiederum einher mit einer farbenfrohen Mischung aus Glücklichsein, Spaß und Erholung.

2.4 Persönliche Phantasien und Schlaf

Ausflüge in das Land der Tagträume unterscheiden sich deutlich von den Träumen während des Schlafes. Menschen reisen zu einem ganz bestimmten Zweck in das Land der Phantasie: Sie suchen schöne Gefühle, sehnen sich nach Erholung, verzehren sich nach der Erfüllung eines Bedürfnisses. Dagegen treten die Träume im Schlaf in der Regel ohne bewusste Veranlassung auf.

Es gibt eine Reihe von grundlegenden Unterschieden zwischen Tagträumen und Schlafträumen:

- Der Aufenthalt im Land der Phantasie folgt einem Entwurf, hat einen Sinn und ist auf ein Ziel gerichtet. Bei Tagträumen nach der Methode dieses Buches wissen Sie in der Regel im voraus, wie Ihre Phantasieweltreise ablaufen wird. Dagegen ist der Inhalt von Schlafträumen für den Träumer nicht vorhersehbar und wird erst nach dem Aufwachen in den Traum hineingedeutet. Auch der Sinn von Schlafträumen wird erst nach Abschluss des Traumes ersichtlich und ist dann Deutungssache.
- Sie erleben die Reise ins Land der Phantasie bewusst. Im Gegensatz dazu ist die Aufrechterhaltung des Bewusstseins während der Schlaftraumphase problematisch. Den meis-

ten Menschen gelingt es nur gelegentlich für kurze Momente.

- Tagträumer können sich in der Regel an alle Details ihrer Erlebnisse erinnern. Die Erinnerungsfähigkeit im Rahmen von Schlafträumen kann zwar durch Übung gesteigert werden, erreicht jedoch nie die Tiefe, wie sie bei Reisen in das persönliche Land der Phantasie üblich ist.

- Alle Reisen in das Land der Phantasie haben ein zentrales Thema. Thematische Wechsel geschehen bewusst und sind geplant. Die thematische Struktur von Schlafträumen ist dagegen sehr instabil. Während der Schlaftraumhandlung kommt es zu vielfältigen und unvorhersehbaren thematischen Brüchen und Verschiebungen.

Einschlafen sollten Sie während Ihrer Ausflüge ins Land der Phantasie nicht. Schlaf nimmt Ihnen die Kontrolle über Ihren Tagtraum. Wenn Sie zu häufig bei ein und derselben Übung einschlafen – etwa während des Entspannens – besteht die Gefahr, dass genau diese Übung zu einer <Einschlafübung> wird und Sie keine weiteren Fortschritte bei Ihren Reisen in die Welt der Phantasie mehr erzielen.

3 Wie Sie Phantasien in Ihr Leben integrieren

Schon seit Stunden spüren Sie diese angenehm kribbelnde Vorfreude in Ihrem Bauch. Heute werden Sie auf Ihre Insel des Glücks reisen. Nur noch wenige Stunden Alltag, und dann können Sie sich bequem hinlegen, entspannen, Ihre Alltagswelt ausblenden und in Ihre Phantasiewelt eintauchen. Durch den morgendlichen Sommerwald werden Sie spazieren, sich am Gesang der Vögel erfreuen und fasziniert beobachten, wie die ersten Sonnenstrahlen golden leuchtende Formen in den Morgennebel malen. Tautropfen werden Sie in den Spinnweben wie Diamanten funkeln sehen und sich absolut wohl und glücklich fühlen.

Ein Aufenthalt im Land Ihrer Phantasie ist nur dann sorgenfrei und sicher, wenn Sie die nötige Zeit und Muße finden. Außerdem darf Ihr Alltagskörper während Ihrer Reisen in Ihr persönliches Land der Phantasie keinen Schaden nehmen oder Sie von Ihren Phantasieexkursionen ablenken. Dafür brauchen Sie einen Ort, an dem Sie gut entspannen können und der Sie inspiriert. Von Bedeutung ist auch die Rolle Ihrer sozialen Umwelt. Stellen Sie sicher, dass Ihre Familienmitglieder, Kollegen und Freunde Ihr Verhalten akzeptieren und Sie nicht permanent bei Ihren Reisen auf die Insel des Glücks stören oder sich lustig über

Sie machen. Und schließlich wird die Reise in das Land Ihrer Phantasie erst so richtig schön, wenn Sie die Sorgen Ihres Alltages loslassen können.

3.1 Wie Sie Zeit für Ihre persönlichen Phantasien finden

Setzen Sie sich bequem auf einen Stuhl oder in einen Sessel und lassen in Gedanken Ihren gewohnten Tagesablauf vorüberziehen. Mit welchen Tätigkeiten haben Sie den heutigen Tag verbracht? Und den gestrigen und vorgestrigen? Welche Zeitspanne innerhalb Ihres Tagesablaufs würde sich am ehesten für Ihre Reise auf die Insel des Glücks eignen? Welche Tätigkeiten verrichten Sie sonst zu dieser Zeit?

Bei näherer Betrachtung Ihres Tagesablaufs werden Sie feststellen, dass Sie über keine Zeitspanne verfügen, in der Sie gar nichts tun. Selbst wenn Sie vor Ihrem Fernsehapparat sitzen oder sich nachts schlaflos im Bett wälzen, verbringen Sie keine Zeit ohne Inhalt. <Fern sehen> und <sich im Bett herumwälzen> sind keine leeren Zeiten, sondern haben einen festen Bezug.

Da es in Ihrem Tagesablauf keine bezugsfreie Zeit gibt, müssen Sie sich die Zeit für Ihre Phantasien erst schaffen. Räumen Sie auf in Ihrem Tages- und Wochenplan. Schaffen Sie Platz für Reisen ins Land der Phantasie!

Wo wollen Sie beginnen? Welche Ihrer gewohnten Tätigkeiten wollen Sie für Ihre Reise in das Land der Phantasie opfern? Die Antwort auf diese Frage ergibt sich aus einem Vergleich der Wichtigkeit aller um die gleiche Zeitspanne konkurrierenden Tätigkeiten. Was ist Ihnen wichtiger: Eine Stunde flirrender Fernsehunterhaltung oder eine Stunde Strandspaziergang unter hohen Palmen? Zwei Stunden quälenden Suchens nach Schlaf oder zwei Stunden in zärtlicher Umarmung mit dem Partner Ihrer Träume?

Überprüfen Sie alle Tätigkeiten Ihres Tagesablaufs auf ihre Wichtigkeit. Übertreiben Sie aber nicht! Ihr Beruf, die Harmonie innerhalb Ihrer Familie und bedeutende soziale Kontakte sollten tabu sein. Ebenso dürfen Sie als Anfänger auf keinen Fall Ihre echte Schlafenszeit beschneiden. Unter echter Schlafenszeit verstehe ich die Phase Ihrer Nachtruhe, in der Sie tatsächlich schlafen – im Gegensatz zu der Zeit, in der Sie wach im Bett liegen.

Nehmen Sie sich ein Blatt Papier zur Hand und notieren darauf alle Tätigkeiten Ihres Tages, nach Themen geordnet und in der richtigen Reihenfolge. Schreiben Sie jedes Thema in eine neue Zeile und vermerken dahinter den Zeitbedarf (z.B. Morgentoilette 30 min, Weg zur Arbeit 20 min, abends Fernsehen 1 Stunde, Abendtoilette 20 min).

Suchen Sie die unwichtigsten Zeitfresser heraus. Welcher Zeitvertreib für Sie unwichtig ist, müssen

Sie selbst entscheiden. Setzen Sie diesen Zeitspannen Ihre Tagträume gegenüber. Seien Sie erfinderisch. Wenn Ihnen Ihre Ausflüge in das Reich der Phantasie wichtiger, interessanter und erfüllender erscheinen, streichen Sie das ursprüngliche Thema dieser Zeitspanne durch und schreibe „Phantasien" dahinter.

Doch Vorsicht! Nicht alle uninteressanten Alltagstätigkeiten sind unwichtig. Ihre Zahnpflege beispielsweise ist ein Muss! Ebenso die halbe Stunde Sport. Beachten Sie auch, dass sich viele Routinen, die Ihnen zunächst unwichtig erscheinen, nur unter großen Mühen ändern lassen; etwa die Tasse Kaffee am Nachmittag, die Musik vor dem Einschlafen ...

Schlaf spielt bei der Wahl des Zeitpunktes zum Aufbau klarer Phantasien eine große Rolle. Müdigkeit und Schläfrigkeit führen zu bunteren und lebhafteren inneren Bildern. Allerdings besteht dann auch die Gefahr des Einschlafens. Am Morgen nach dem Aufwachen aus dem Schlaf ist die Gefahr des erneuten ungeplanten Einschlafens nicht mehr sehr groß und die Phantasien sind <disziplinierter>. Dafür dauert es aber auch länger, bis sie klar werden.

Der Einfluss von Müdigkeit auf die Tiefe und Klarheit von Tagträumen unterscheidet sich von Mensch zu Mensch. Ich kenne Phantasiewelt-Reisende, die ihre klarsten Tagträume nachts zwischen zwei Schlafphasen haben. Experimentieren Sie ein bisschen mit der Zeit für Ihre Phantasien. Finden Sie heraus, wie sich für Sie das Tor in Ihr persönliches Phantasieland am leichtesten öffnen lässt.

Wenn Sie die Zeiten für Ihre Phantasiewelt-Exkursionen festgelegt haben, dann sichern Sie sie gegen Vergessen und die Begehrlichkeiten anderer Vorhaben. Schaffen Sie sich möglichst viele Verweisstrukturen, die Sie an Ihre Tagträume erinnern:

- Kleben Sie einen Zettel, auf dem das Thema Ihrer derzeitigen Phantasiewelt-Reise steht, an Ihren Badezimmerspiegel, an die Kühlschranktür oder ans schwarze Brett.
- Stellen Sie gedankliche Verbindungen zwischen Situationen Ihres Alltags und Ihrer Phantasiewelt her (z.B. Bei meiner nächsten Tagtraumreise werde ich testen, wie ich auf die Kollegin von nebenan wirke).
- Freuen Sie sich auf Ihre Exkursionen ins Reich Ihrer Vorstellungskraft.
- Trösten Sie sich bei kleinen Unannehmlichkeiten mit der Vorfreude auf die Reise in Ihr persönliches Paradies (z.B. Der Regen macht mir nichts aus, denn bald sonne ich mich auf meiner Tropeninsel).
- Malen Sie sich mit Kugelschreiber einen Punkt auf Ihren Handrücken und erinnern sich jedes Mal, wenn Sie ihn sehen, an Ihre bevorstehende Reise auf die Insel des Glücks.

Auch mir fiel es anfangs schwer, die nötige Zeit für meine Phantasieweltreisen zu finden. Wenn ich nach einem anstrengenden Tag müde nach Hause kam, wollte ich viel lieber fern sehen, als mich mit der

Gedankenleere herumzuplagen. Oft schob ich den Beginn meiner Übungen so lange hinaus, bis es dafür zu spät war, und ich schlafen gehen musste.

Mir hat bei solchen typischen Anfängerproblemen zweierlei geholfen

- Ich erstellte mir anhand der Themen meiner Phantasien leicht einprägsame, positive Leitsätze, die ich während der täglichen Routinearbeiten in Gedanken so oft wie möglich wiederholte. Beispiele für solche Leitsätze sind: „Ich freue mich aus ganzem Herzen auf meinen Traumstrand." „Heute am Abend scheint für mich auf der palmenbewachsenen Insel die Sonne." „Zärtliche Liebe, wann immer ich will."

- Während meiner Mahlzeiten stellte ich mir die Kraft für klare, phantasievolle Erlebnisse in meinen Speisen und Getränken vor. Als ich die Speisen und Getränke zu mir nahm, versuchte ich intensiv zu spüren, wie diese Kraft auf mich überging.

Suchen Sie selbst nach weiteren Möglichkeiten, um die Reisen auf die Insel des Glücks in *Ihrem* Alltag zu verankern!

3.2 Sich Rückzugsorte für persönliche Phantasien schaffen

Geübte Wanderer in den Gefilden der Phantasie können beinahe zu jeder Zeit und Gelegenheit in ihr persönliches Paradies reisen. Ganz gleich, ob sie es sich zu Hause auf dem Wohnzimmersofa bequem machen, im Bus auf dem Weg zur Arbeit sitzen, sich in den engen Flugzeugsitz zwängen oder während der Mittagspause für zwanzig Minuten die Beine auf den Schreibtisch legen.

Doch obwohl Sie bei entsprechender Übung von jedem Ort der Welt aus in das Land der Phantasie gelangen können – so richtig intensiv, frei und ungestört gelingen Ihre Tagträume zunächst nur an den dafür vorgesehenen Plätzen. Im Idealfall steht für Ihre Exkursionen in das Land der Phantasie ein eigenes Zimmer zur Verfügung, mit einer abschließbaren Tür und einer Gelegenheit zum Hinlegen.

Ihr Ort für Exkursionen ins Land der Phantasie hat drei Funktionen:

1. Er reduziert Störungen.
2. Er schützt Ihren Körper während Ihrer spirituellen Abwesenheit.
3. Er wirkt inspirierend.

Während Sie sich in Ihrem Phantasie-Erleben auf Ihrer Insel des Glücks aufhalten, liegt Ihr Alltagskörper in schlafähnlicher Stellung in Ihrer Alltagswelt. So wie Sie aus dem Schlaf erst erwachen müssen, um in Ihrer Alltagswelt handeln zu können, müssen Sie einen Tagtraum erst beenden, wenn Sie in Ihrer Alltagswelt auf Störungen reagieren wollen. Daher sollten Sie mit der Wahl des Ortes, an dem Sie tagträumen, Störungen möglichst verhindern.

Es sind jedoch nicht nur die konkreten Störungen, die Ihnen Ihre Entspannung erschweren. Bereits dann, wenn Sie nur eine Störung *erwarten,* etwa weil jedermann Zugang zu dem Ort hat, an den Sie sich zurückgezogen haben, können Sie sich bereits nicht mehr so tief entspannen wie bei völliger Sicherheit. Wenn Sie sich in Ihrer Phantasie auf einer Südsee-Trauminsel bequem an die schattige Veranda setzen und darauf warten, dass Ihnen der Kellner Ihr Getränk bringt, dann wird sich der weiße Sand des Strandes weniger deutlich gegen das faserige Braun der Kokospalmen abzeichnen, das Rauschen und Donnern der Brandung wird weniger deutlich zu Ihnen herüber klingen und die tropisch-milde Luft wird weniger intensiv nach Meer und frischen Blüten duften, wenn Sie jederzeit damit rechnen müssen, durch eine Störung in Ihr Alltagsleben zurückgeholt zu werden.

Besonders als Anfänger sollten Sie sich während Ihrer Phantasiereisen absolut sicher fühlen können.

Reisen in das Land der Phantasie werden erst so richtig tief, wenn Ihr Körper vollkommen entspannen kann. Sorgen Sie dafür, dass in Ihrem Zimmer für Tagträume eine Liege oder ein Bett steht.

Darüber hinaus sollte Ihr Ort für Phantasiereisen eine angenehme Atmosphäre ausstrahlen, beheizbar sein und ein Fenster haben, das sich öffnen lässt. Besenkammern und Kellerräume eignen sich nur bedingt als Phantasiewelt-Basen.

Ihr eigenes Schlafzimmer vereint alle Vorteile einer Startrampe für Reisen in die Phantasiewelt. Es vermittelt bereits aufgrund seiner Bestimmung eine entspannende Atmosphäre und es wird als Privatraum von anderen Menschen mehr respektiert, als beispielsweise das Wohnzimmer oder das Gästezimmer. Vor allem aber verwundert es niemanden, wenn Ihr Körper scheinbar schlafend im Bett liegt und Sie nicht gestört werden möchten.

Verwandeln Sie Ihr eigenes Schlafzimmer in Ihre Startbasis für phantastische Reisen. Gestalten Sie es originell und ansprechend. Hängen Sie Bilder an die Wand, die Ihre Kreativität fördern. Wenn Ihre Phantasieziele überwiegend auf Südseeinseln liegen, dann kleben Sie eine Bildtapete mit einem Strandmotiv an die Wand.

Nützliche Ratschläge für die Einrichtung eines Ortes für Reisen in die Phantasiewelt.

- Schmücken Sie Ihr <Zimmer für Reisen in das Land der Phantasie> mit thematischen Bezugspunkten zum Ziel Ihrer Tagträume: Hängen Sie Bilder mit Ihren Tagtraum-Motiven auf. Kleben Sie eine Tapete in Form einer Tür an die Wand und stellen sich vor, dass Sie durch sie hindurch in Ihr Traumland gelangen können. Hängen Sie sich eine Gardine in Form eines Bildes vor Ihr Fenster.

- Halten Sie an Ihrem Tagtraumort Literatur über Ihr Phantasiethema bereit. Wenn Ihre Insel des Glücks im Indischen Ozean liegt und von einem traumhaften Strand umgeben ist, dann legen Sie einen reichhaltigen Bildband über die Malediven, die Seychellen oder über Mauritius auf Ihr Nachtkästchen. Ein Film über Ihr Phantasiethema, den Sie sich vor Beginn Ihres Tagtraums ansehen, kann sehr anregend sein.

- Musik und Geräusche können helfen, Sie in die richtige Stimmung für eine Reise in Ihr Paradies zu versetzen. Absolut realistische Wassergeräusche lassen sich mit einem Zimmerbrunnen erzeugen. Sie können sich aber auch einen Tonträger mit Wasserrauschen oder dem Donner der Brandung bereithalten. Tonträger mit Vogel- und Naturlauten stimmen ein in entspannende Waldspaziergänge im Land Ihrer Phantasie. Musik eignet sich je nach Stil, Lautstärke und Geschmack für entspannende oder anregende Phantasien. Panflötenklänge vor der Bilderkulisse weißer Andengipfel sind ein guter Aufhänger für eine Phantasiereise mit dem Thema „Mein Abenteuerurlaub in Peru".

- Gerüche spielen eine sehr ursprüngliche Rolle bei unserer Fähigkeit uns zu erinnern. Wenn wir nach vielen Jahren wieder den Geruch von Pflaumenknödeln, so wie nur Großmutter sie kochen konnten, in der Nase spüren, kann sich urplötzlich die ganze Erinnerungspalette einer längst vergangenen Zeit vor uns entfalten. Auf einmal überkommt uns wieder dieses Gefühl, das wir als Kinder hatten, als wir in Omas Wohnzimmer unsere Schulaufgaben erledigten, mit der Katze spielten, und draußen der erste Schnee fiel. Nutzen Sie diese ursprüngliche Kraft der Gerüche für Ihre Reisen in das Land der Phantasie. Stellen Sie in Ihrem Tagtraumzimmer Behälter mit Duftölen auf. In Drogerien, Baumärkten und Möbelgeschäften gibt es eine reichhaltige Auswahl an Duftlämpchen, Dufthölzern und Duftölen.

- Erwecken Sie die Stimmung einer fernen Welt mit allerhand inspirierenden Gegenständen und Erinnerungsstücken, die Sie entweder an die Wand hängen oder anderweitig damit Ihr Zimmer für Reisen ins Paradies dekorieren. Lassen Sie sich von einer afrikanischen Gesichtsmaske helfen, den schwarzen Kontinent zur Kolonialzeit zu besuchen. Halten Sie die alte griechische Münze in Ihrer Hand, reisen mit ihr zurück in die Vergangenheit und erleben das bunte Treiben auf einem vorchristlichen Markt in Kleinasien.

Bilder und Tapeten, Bücher, Musik, Parfüm und Erinnerungsstücke geben Ihrem Ort für Reisen in die Phantasiewelt die richtige Atmosphäre. Ihre größte

Wirkung entfalten sie in ihrem Zusammenspiel. Verwandeln Sie den Ausgangspunkt für Ihre Phantasiereisen in ein Vorzimmer zum Paradies.

Selbst wenn Ihnen ein eigenes Zimmer für Phantasiereisen zur Verfügung steht, können Sie zusätzlich auch noch von anderen Orten auf Ihre Insel des Glücks starten. Probieren Sie einmal aus, wie es sich auf einer Bank im Park tagträumt. Oder pflegen Sie Ihre Phantasieweltreisen in einem Schlafsack im Wald, auf einen Jägerstand, in einer Höhle, hinter der dicken Eiche im Garten.

Je besser Sie das Reisen ins Land Ihrer Phantasie beherrschen, um so unwichtig wird der Ort, von dem aus Sie auf Ihre Insel des Glücks starten. Geübte Tagträumer sind selbst in öffentlichen Verkehrsmitteln oder auf einer Bank in der geschäftigen Fußgängerzone einer Großstadt in der Lage, bunte und erfüllende Phantasien zu erleben.

Egal von wo aus Sie in Ihr Tagtraumparadies starten – erklären Sie diesen Ort für die Zeit Ihres Aufenthalts zu Ihrem heiligen Ausgangspunkt für Phantasieexkursionen. Erfahrene Reisende in das Land der Phantasie segnen den Platz von dem aus sie in ihre Vorstellungswelt reisen mit duftenden Essenzen und dezenten Ritualen.

3.3 Störungen verhindern

Reisen ins Land der persönlichen Phantasie sind ur-private Erlebnisse. Sie handeln von Ihren Wünschen und Schwächen, von Ihren Bedürfnissen und Leiden-schaften, von Ihren Sorgen und Plänen. Die Erfül-lung Ihrer Wünsche in der Privatheit Ihrer Tagträume gleicht der Rückkehr ins Paradies. Der Aufenthalt in Ihrer Phantasiewelt schenkt Ihnen unendlich viel Freude und ein tiefes Gefühl der Glückseligkeit.

Manchmal entsprechen jedoch Ihre Wünsche nicht den Erwartungen Ihrer Mitmenschen. Oft ernten Sie mit Ihren Vorstellungen nur Unverständnis. Und dass Sie sich all das, was Ihnen im Alltag versagt bleibt, einfach aus Ihren persönlichen Phantasien <holen>, werden viele Ihrer Freunde, Familienmitglieder und Arbeitskollegen nicht verstehen. Möglicherweise hält man Sie für einen Sonderling oder gar für verrückt, wenn Sie von Ihrem Tagtraumparadies erzählen. Vielleicht erwecken Sie auch Neid, wenn Sie all die wundervollen Erlebnisse von Ihrer Insel des Glücks verraten.

Die Menschen um Sie herum werden Ausflüge ins Land der Phantasie um so eher billigen, je weniger sie davon bemerken. Also starten Sie Ihre Tagtraum-reisen im Sinne dieses Büchleins bevorzugt, wenn Sie alleine sind: In Ihrem Bett, Ihrer Wohnung, Ih-rem geparkten Auto. Wenn Sie sich in der Öffent-lichkeit in Ihr Land der Phantasie begeben, dann stellen Sie sich schlafend: In Ihrer Mittagspause im Büro, auf der Parkbank, am Strand.

Erzählen Sie möglichst niemandem von Ihren Phantasien. Halten Sie die Themen geheim, halten Sie die Zeiten geheim, halten Sie die bloße Existenz von erfüllenden Tagträumen geheim. Niemand kennt Ihre Wünsche und Bedürfnisse so gut wie Sie selbst. Daher können Sie von niemandem absolutes Verständnis für Ihre Phantasiewelt-Reisen erwarten.

4 Die Praxis des Reisens ins Land der Phantasie

Phantasiereisen unterscheiden sich in Länge, Tiefe und Inhalt. In ihrer einfachsten Form erleben wir Tagträume beim Lesen eines spannenden Buches oder beim Schwelgen in dem Gefühl „Was wäre wenn ...". Solche einfachen Phantasieerlebnisse wollen wir kultivieren, um daraus bunte, erfüllende Phantasieland-Reisen aufzubauen. Durch das Training unserer <inneren Sinnesorgane> werden wir den Echtheitscharakter von Phantasieerlebnissen enorm steigern, so dass sie schließlich in ihrer ausgeprägtesten Form unseren Alltagserlebnissen ähneln. Voraussetzung dafür ist die Fähigkeit zur Beherrschung der Gedanken. Um dieses Ziel zu erreichen, wollen wir nicht verbissen üben, sondern es uns bereits bei der Vorbereitung unserer Reise in das Land der Phantasie gut gehen lassen. Oberste Leitlinie jeder Reise in die Tagtraumwelt ist die Freude, die sie uns schenkt. Exkursionen ins Land der Phantasie sollen Spaß machen, erholsam sein, erotisch, spannend, und – wenn es sein muss – alles zusammen ...

4.1 Sperren Sie Ihre Sorgen aus

Reisen in das Land der Phantasie unterscheiden sich grundlegend von Schlafträumen. Im Gegensatz zu Schlafträumen bleiben Sie bei Ihren Tagträumen wach. Sie wissen, wer Sie sind, und können sich während des Aufenthalts in Ihrem Land der Phantasie uneingeschränkt an Ihr Alltagsleben erinnern. Zwar sind Sie in der Lage, alle Ihre Alltagserinnerungen mit in die Welt der Phantasie zu nehmen. Ihre Sorgen und Probleme sollten Sie jedoch in Ihrem Alltag lassen. Wenn Sie in Ihrer Phantasie über eine bunte Blumenwiese laufen, gelbe, weiße, rote und violette Blütenblätter auf Sie herabregnen, und Sie sich absolut glücklich fühlen, kann der Gedanke an Ihre letzte Auseinandersetzung mit Ihrem Vorgesetzten, oder die demnächst bevorstehende Prüfung, sehr stören.

Gehen Sie daher ohne all die großen und kleinen Sorgen aus Ihrer Alltagswelt auf die Reise in die Welt Ihrer Phantasie. Blenden Sie Ihre Probleme aus. Lassen Sie sie da, wo sie hingehören - nämlich in Ihren Alltag. Keine Angst, dass Sie das eine oder andere Problem übersehen, wenn Sie es auf Ihrer Reise zu den Inseln des Glücks einmal für einige Zeit vergessen. Sorgen haben eine unangenehme Eigenschaft: Sie verschwinden nicht einfach von alleine, wenn man sie für einige Zeit aus dem Bewusstsein tilgt. Wenn Sie von Ihrer Traumreise zurückkommen, stehen sie alle wieder da, in Reih` und Glied, und warten nur darauf, sich an Ihrer Lebenskraft zu laben.

Gerade das Abschütteln der Sorgen für die Zeit Ihres Aufenthaltes im Land der Phantasie kann sehr nützlich für die Bewältigung Ihrer Lebensprobleme sein. Nach der Rückkehr aus Ihrer Phantasiewelt stehen Sie erholt und mit neuer Kraft Ihren alten Sorgen gegenüber. Die Wahrscheinlichkeit, dass Sie sie jetzt lösen, ist höher als vor Ihrem spirituellen Ausflug.

Von dieser Regel gibt es allerdings eine Ausnahme. Sorgen und Probleme aus Ihrem Alltag sollten Sie dann mit in Ihre Phantasiewelt nehmen, wenn Sie mit Hilfe eines Tagtraumes nach einer Lösung für eben diese Probleme suchen. Doch das ist Thema eines anderen Buches. Wir wollen zu unserer Freude ins Land der Phantasie reisen – und da stören Sorgen und Alltagsprobleme.

Große Sorgen können nicht nur die körperliche Entspannung behindern, sondern Ihrem Tagtraum die Kraft rauben. Nehmen Sie Ihre Sorgen und Probleme nicht mit an Ihren Ort für phantastische Reisen. Lassen Sie sie lieber da, wo sie hingehören, nämlich in Ihrer Alltagswelt. Erklären Sie den Ort, an dem Sie tagträumen, zu Ihrer sorgenfreien Zone! Stellen Sie sich vor, dass ein unsichtbares, mächtiges Kraftfeld Ihren Ort für Phantasiereisen umgibt und alle Sorgen abhält.

Und ersparen Sie sich Gewissensbisse! Sie haben das Recht, Ihre Alltagssorgen für die Dauer Ihrer phantastischen Reise auszusperren. Warten Sie nicht auf die Zeit, in der Sie keine Sorgen mehr haben werden. Diese Zeit wir nie kommen! Sorgen und Probleme werden Sie ein Leben lang begleiten. Das ist ganz natürlich. Mit der Reise auf die Insel des

Glücks zu warten, bis sorgenfreie Zeiten anbrechen, das würde bedeuten, nie damit zu beginnen!

Manche Sorgen sind so hartnäckig wie zornige Bienen, denen man den Honig gestohlen hat. Sie lassen sich kaum abschütteln. Wenn ich während meiner körperlichen Entspannung noch von Alltagssorgen belästigt werde, versuche ich sie körperlich zu spüren. Meist kann ich meine Sorgen als Anspannung in einem Muskel oder als dumpfen Druck in meinem Kopf ausmachen. Diese Anspannung und diesen Druck versuche ich dann auf dem Wege der aktiven Entspannung (siehe S. 41) zu löschen.

Eine weitere Methode zum zeitweiligen Verbannen von Sorgen aus dem Denken besteht darin, sie zu notieren. Schreiben Sie, bevor Sie mit Ihrer Phantasiereise beginnen, Ihre Sorgen auf einen Zettel. Auf diese Weise <parken> Sie Ihre Sorgen für die Zeit Ihrer Phantasien. Sorgen und Probleme, die schriftlich fixiert sind, verlieren erfahrungsgemäß ihren aggressiv-nagenden Charakter. Die Methode des <Parkens von Problemen> eignet sich daher vor allem für aktuelle Schwierigkeiten.

4.2 Die Auszeit

Es empfiehlt sich, die Zeitspanne des unbekümmerten, wohligen Entspanntseins von Ihrer übrigen Tageszeit symbolisch zu trennen. Stellen Sie sich vor, dass Sie mit dem Betreten Ihres Ortes für Reisen in Phantasiewelten eine Grenze überschreiten. Markieren Sie diesen Grenzübertritt. Ich verwende hierfür immer ein Ritual. Wenn ich mich an meinen Ort für Reisen ins Land der Phantasie begebe, vollziehe ich es und stelle fest, dass ich mich nun außerhalb meiner normalen Alltagswelt und Alltagszeit befinde. Diesen Zustand nennt man Auszeit. Auch wenn Sie sich einmal nicht an Ihrem Ort für Phantasiereisen befinden, sollten Sie sich vor Beginn Ihrer Phantasie in die Auszeit begeben. Auszeit, das ist eine Zeitspanne außerhalb Ihres normalen Alltags, Ihres Berufs, der Familie, Ihrer Probleme, Sorgen und Gebrechen. Kurzum – außerhalb Ihres normalen Lebens.

Markieren sie Beginn und Ende der Auszeit mit einem Ritual. Ich werde im Text das Ritual zu Beginn der Auszeit als Auszeiteingangsritual bezeichnen, weil man mit diesem Ritual in die Auszeit eingeht. Vollziehen Sie bei der Durchführung des Rituals eine einfache Körperbewegung: Falten Sie beispielsweise Ihre Hände und reiben sie gegeneinander, strecken Sie sich, oder kreisen mit dem Fuß dreimal rechts herum. Dann denken Sie sich: „Jetzt befinde ich mich außerhalb meiner gewohnten Alltagswelt.

Meine Sorgen und Probleme haben hier keine Bedeutung mehr".

Markieren Sie auch das Ende Ihrer Tagtraumreise mit einem Ritual. Machen Sie sich mit einer Körperbewegung bewusst, dass Sie das Reich der Phantasie wieder verlassen haben und in Ihre Alltagswelt zurückgekehrt sind. Ich werde dieses Ritual im Text als Auszeitenderitual bezeichnen, weil mit ihm die Auszeit endet.

4.3 Den Körper entspannen

Tagträume in Sinne des Programms dieses Buches sind ohne tiefe körperliche Entspannung nicht möglich. Bei der unten beschriebenen Vorgehensweise handelt es sich um eine effektive und schnelle Methode der Entspannung, die in wenigen Minuten zu einem weichen, wohligen Gefühl körperlicher Gelöstheit führt.

Übung zur Entspannung
Begeben Sie sich in Ihr Zimmer für Reisen in Phantasiewelten und legen sich auf Ihr Bett oder Ihre Liege. Nehmen Sie die bequemst mögliche Lage ein und

richten Ihre Gliedmaßen so aus, dass Sie sich so behaglich wie möglich fühlen. Legen Sie sich so hin, wie Sie sich hinlegen würden, wenn Sie gemütlich einschlafen wollten.

Nun versuchen Sie Ihren Körper zu fühlen. Verlagern Sie Ihr Bewusstsein in Ihre Füße. Spüren Sie Ihre Füße? Verlagern Sie Ihr Bewusstsein in die Zehen. Spüren Sie sie? Fühlen Sie, wie angespannt sie sind? Entspannen Sie Ihre Zehen! Sie sollten fühlen, wie die Anspannung aus Ihren Zehen weicht – wie aus einem gespannten Seil, wenn man es loslässt und zu Boden wirft. Empfinden Sie intensiv das Gefühl der Befreiung von Spannung.

Wenn Ihre Zehen völlig entspannt sind, verlagern Sie Ihr Bewusstsein in Ihre Füße und spüren, wie angespannt sie sind. Lösen Sie auch diese Spannung. Dann kommen Ihre Unterschenkel an die Reihe, Ihre Knie und Oberschenkel, Hände, Unterarme, Oberarme und die Achselgegend. Im Bauch- und Brustraum können Sie sowohl einzelne Regionen aktiv entspannen (etwa Ihr Bauchinneres, die linke Rückenaußenseite) als auch einzelne Organe. Wie eine Welle läuft die Entspannung weiter in den Hals- und Kopfbereich, mit seiner Vielzahl an Muskeln, Knochen, Knorpeln, Zähnen, Kieferhöhlen. Entspannen Sie Ihren linken Nasenflügel, Ihre Backenzähne, Ihr rechtes Ohr, Ihre Kopfhaut, Ihre linke Großhirnhälfte. Entspannen Sie jeden Teil Ihres Körpers.

Sie können den Erfolg Ihrer Entspannungsübung kontrollieren, indem Sie noch einmal in sich hineinfühlen. Lässt sich der Entspannungsgrad noch erhöhen? Dann waren Sie das erste Mal nicht ganz erfolgreich. Gewöhnlich führt diese Übung auf Anhieb zu tiefen körperlichen Entspannungszuständen. Allerdings ist der Zeitbedarf für den Anfänger recht hoch. Die ersten Male müssen Sie für eine Ganzkörperentspannung mit Sitzungen von etwa einer Stunde rechnen.

Wenn Sie mit Ihrer Entspannungsübung fertig sind, strecken und recken Sie sich, gähnen und bleiben einfach so liegen, wie es für Sie am gemütlichsten ist. Prägen Sie sich dieses wohlige Gefühl der körperlichen Unbeschwertheit fest ein. Merken Sie sich ganz genau, wie sich dieser Zustand der gemütlichen Zwanglosigkeit anfühlt! Später wollen wir ihn nicht mehr durch die aktive Entspannung einzelner Körperteile erreichen, sondern aus der Erinnerung hervorrufen. Ziel ist es, innerhalb von wenigen Atemzügen tief zu entspannen.

Sie beherrschen die Entspannungsübung, wenn Sie in der Lage sind, in weniger als 15 Minuten ein angenehmes Gefühl der körperlichen Ruhe zu erzeugen.

4.4 Gedankenbeobachtung

Alle Erscheinungen in der Welt Ihrer Tagträume bestehen aus Erleben und basieren auf Wünschen und Denken. Jeder Ihrer Gedanken kann sich umgehend und unmittelbar als Teil Ihrer Phantasiehandlung offenbaren. Selbst wenn Sie ihn nur beiläufig denken, kann er in Ihrem Tagtraum erscheinen.

Stellen Sie sich vor, dass Sie gerade ein wundervolles, erfüllendes Abenteuer im Land der Phantasie genießen:

Sie sitzen auf der Terrasse Ihres Südsee-Traumhotels im Schatten hoher, im Abendwind rauschender Palmen. Die Luft ist mild und duftet nach einer Mischung aus Meer und exotischen Blüten. In Vorfreude auf die geplante Tagtraum-Stunde voller Zärtlichkeit und Liebe nippen Sie an Ihrem tropischen Cocktail. Von hinten wollen Sie Ihren geliebten Traum-Partner kommen lassen. Zuerst wollen Sie zärtlich umarmt werden. Liebkosende Hände sollen über Ihre Brust fahren, feuchte Lippen sollen Ihren Hals küssen. Genüsslich nehmen Sie einen weiteren Schluck des tropischen Drinks. Doch diesmal mischt sich unter den Geschmack nach Papayas, Mangos und Kiwis noch ein anderes, eher unangenehmes Aroma. „Irgendwie schmeckt mein Cocktail heute wie das Mundspülmittel meines Zahnarztes", denken Sie sich.

Plötzlich setzt ein Strudel von Ereignissen ein, die Sie vollkommen von Ihrem ursprünglichen Vorhaben wegführen: Zuerst vernehmen Sie ein Gesumme und

Gepfeife, das erschreckend realistisch an eine zahn-
ärztliche Bohrmaschine erinnert. Noch während Sie
sich nach der Ursache für dieses durch Mark und
Bein gehenden Geräusches umsehen, verschwindet
jede Bewegung aus den Blättern der Palmen und den
Wellen am Strand. Ihnen wird klar, dass Sie die ganze Zeit nur auf ein Bild gestarrt haben, das an der
fensterlosen Wand des mit Neonlicht erhellten Be-
handlungszimmers Ihres Zahnarztes hängt. In der
Hand halten Sie nicht einen Becher mit einem tropischen Cocktail, sondern den weißen Mundspülbecher
aus Kunststoff mit einem roten, übel schmecken
Mundspülmittel. Zu allem Überfluss stellen Sie fest,
dass Sie an den Behandlungsstuhl gefesselt sind, und
der Zahnarzt sich gerade mit einer riesigen Injekti-
onsnadel Ihrem Mund nähert ...

Der Übergang von Ihrer Tropen-Phantasiewelt in die
Welt eines Zahnbehandlungs-Alptraums vollzog sich
zunächst schleichend und dann mit brutaler Deut-
lichkeit. Er wurde ausgelöst von einem einzigen,
kurzen Gedanken („Irgendwie schmeckt mein exoti-
scher Drink heute wie das Mundspülmittel meines
Zahnarztes"). Alle unangenehmen Folgen wären
durch eine effektive Gedankenkontrolle vermeidbar
gewesen.

Lernen Sie, Ihre Gedanken zu beobachten. Bei der
nun folgenden Übung kommt es darauf an, Ihre asso-
ziativen Gedankenketten zu überwachen, ohne sich
in ihnen zu verlieren. Das ist anfangs gar nicht so
leicht, denn gewöhnlich identifizieren wir uns mit

dem, was wir denken. Wir erleben den Ablauf unserer Gedanken nicht als ein Fließen, dem wir uns beobachtend an die Seite stellen, sondern als etwas von uns Geschaffenes.

Erleben Sie das Fließen Ihrer Gedanken von Neuem! Nur wenn Sie sich nicht an Ihre Gedanken verlieren, können Sie sie kontrollieren, ändern oder löschen.

Übung zur Gedankenbeobachtung

Begeben Sie sich an Ihren Ort für Reisen in Phantasiewelten und entspannen sich, so wie Sie es weiter oben gelernt haben. Wenn Sie sich richtig wohl und entspannt fühlen, gesellen Sie sich zu Ihren Gedanken wie ein unbeteiligter Beobachter. Sehen und hören Sie ihnen zu. Lassen Sie sie gewähren. Vermeiden Sie jegliche Gefühle der Zustimmung oder Ablehnung. Erleben Sie ganz einfach, wie etwas in Ihnen denkt.

Die ungewohnte Nichteinmischung in Ihr Denken, Ihre neutrale, unbeteiligte aber hellwache Anwesenheit neben und über Ihrer Verstandestätigkeit, wird Ihre Gedanken zunächst überreichlich strömen lassen. Wie wild werden sie um Ihre Aufmerksamkeit wetteifern, werden versuchen, Sie mit ihren Themen zu reizen, mit Dringlichkeit und Wichtigkeit zu pokern. Gehen Sie nicht darauf ein! Bleiben Sie einfach nur neutral und unbeteiligt. Nach einiger Zeit wird sich das ungestüme Durcheinander Ihrer Gedanken legen. Sie werden leiser, weniger schrill, dafür aber deutlicher. Schließlich vernehmen Sie nur noch einzelne klare Gedanken.

Wenn Sie mit der Übung der Gedankenbeobachtung erst wenig Erfahrung haben, kann es durchaus dreißig Minuten dauern, bis sich Ihre Gedanken beruhigt haben. Länger als eine halbe Stunde sollten Sie jedoch nicht üben. Das Training der Gedankenkontrolle ist für den Anfänger sehr ermüdend. Jedoch wird die Zeitspanne, bis sich Ihr Gedankensturm geklärt hat und nur noch einzelne, deutliche Gedanken in Ihrem Bewusstsein sind, mit jeder Übung kürzer werden. Ein geübter Reisender in der Welt der Phantasie benötigt für das Erreichen dieses Zustandes einige Sekunden.

Die Übung der Gedankenbeobachtung ist nicht an Ihren Ort für Reisen in phantastische Welten gebunden. Sie können überall trainieren. Während aller Tätigkeiten, die nicht Ihre ungeteilte Aufmerksamkeit erfordern, können Sie Ihre Gedanken beobachten: Bei der Fahrt in einem öffentlichen Verkehrsmittel, auf Ihrem Weg zur Arbeit, während Ihrer Morgentoilette ...

Sie beherrschen die Kunst der Gedankenbeobachtung, wenn Sie in der Lage sind, für mindestens 15 Minuten Ihrem Gedankenstrom freien Lauf zu lassen, ohne sich aktiv an seinem Ablauf zu beteiligen, ohne sich zu gefühlsmäßigen Wertungen einzelner Gedanken hinreißen zu lassen und ohne einzuschlafen.

4.5 Gedankenleere

Wenn Sie im obigen Beispiel in der Lage gewesen wären, die ersten negativen Gedanken aus dem zahnmedizinischen Themenkreis zu löschen, hätte sich aus der lieblichen Südseeinsel-Traumlandschaft keine Zahnbehandlungs-Alptraumlandschaft entwickeln können.

Auch die Auflösung störender Gedanken muss geübt werden. Ziel ist es, möglichst alle Gedanken auszulöschen, bis der Zustand der Gedankenleere erreicht ist.

Beginnen Sie mit dem Training der Gedankenlöschung erst, wenn Sie die Übung der Gedankenbeobachtung sicher beherrschen:

Übung zur Gedankenleere
Legen Sie sich an Ihren Ort für Reisen in phantastische Welten, lassen Ihre Sorgen vor der Tür und entspannen sich. Fühlen Sie sich richtig wohl! Zunächst geben Sie Ihren Gedanken wieder freien Lauf und beobachten sie, ohne von ihnen vereinnahmt zu werden.

Wenn der Strom Ihres Denkens langsam dünner wird und nur noch einzelne, klare Gedanken in Ihrem Bewusstsein sind, versuchen Sie, auch diese noch zu beseitigen. Löschen Sie sie. Lösen Sie sie auf! Lassen Sie sie verschwinden!

Es gibt kein Patentrezept zum sicheren und schnellen Löschen von Gedanken. Jeder Mensch, der gelernt hat, bewusst in die Welt seiner Phantasie einzutauchen, wendet einen anderen Kunstgriff an. Während der eine seine Gedanken in einen überdimensionalen Mülleimer wirft, radiert sie ein anderer mit einem Radiergummi einfach weg. Es fragt sich natürlich, was dann mit dem Mülleimer und dem Radiergummi geschieht.

Die schönste Methode zur Beseitigung störender Gedanken hat mir eine Schülerin im Rahmen eines Tagtraumseminars erzählt: „Ich stelle mir meine Gedanken als Lichtkegel in der Nacht vor. Wenn ich das Licht ausschalte, sind sie alle weg."

Wenn Ihre Gedanken bei dem Versuch sie zu löschen nicht schwächer werden wollen, sondern an Ungestüm zunehmen, kann es sein, dass Sie sie durch Ihre Bemühungen nicht aufzehren, sondern kräftigen. In so einem Falle hilft nur das Ignorieren. Schaffen Sie sich einen Hilfsgedanken. Denken Sie an etwas anderes, bis der ursprüngliche Gedanke verschwunden ist. Löschen Sie dann auch diesen Hilfsgedanken.

Wenn Sie alle Ihre Gedanken löschen, dann nähern Sie sich dem Zustand der Gedankenleere. Eine *absolute* Leere der Gedanken, in der Sie sogar das Wissen um Ihre eigene Existenz zum Verschwinden bringen, ist sehr schwer zu erreichen. In unserem Fall des Reisens in die Vorstellungswelt ist die absolute Gedankenleere nicht notwendig.

4.6 Gedankenkontrolle

Während Ihres Aufenthalts im Reich der Phantasie genügt es nicht, dass Sie Ihre Gedanken beobachten und störende Gedanken unterdrücken. Sie sollten darüber hinaus in der Lage sein, Ihre eigenen Vorstellungen im Phantasiegeschehen durchzusetzen. Gedankenkontrolle bedeutet, dass *Sie* der Regisseur aller Geschehnisse sind, dass *Sie* die Handlung Ihrer Phantasieerlebnisse bestimmen, dass *Sie* festlegen, was wann, wie und wo abläuft. Mit der Fähigkeit zur Gedankenkontrolle können Sie jede Phantasie, die sich in einen Alptraum zu verwandeln droht, nach Belieben ändern:

Erschaffen Sie aus dem Bild im Behandlungszimmer Ihres Zahnarztes wieder die Kulisse Ihres Traumstrandes. Lassen Sie das Getränk in Ihrer Hand intensiv nach Tropenfrüchten schmecken und ändern das Bohrgeräusch in das Rauschen der Palmblätter im milden Abendwind. Dann lassen Sie ihn kommen, den Menschen, den Sie am meisten begehren. Erzeugen Sie das Gefühl, wie jemand zärtlich von hinten Ihren Brustkorb umfasst und mit der Hand über Ihre Schultern fährt. Fühlen Sie feuchte Küsse an Ihrem Hals und erleben in aller Klarheit, wie geschickte Finger liebevoll die Knöpfe Ihres Hemdes öffnen. Dann lassen Sie sich in den warmen, weichen Sand sinken, während draußen auf dem Meer glutrot die Sonne untergeht ...

Die willentliche Kontrolle Ihrer Gedanken ist eine absolute Vorbedingung für erfolgreiche Exkursionen ins Land der Phantasie. Üben Sie sie regelmäßig!

<u>Übung zur Beherrschung Ihrer Gedanken:</u>
Begeben Sie sich an Ihren Ort für Reisen in phantastische Welten. Lassen Sie Ihre Sorgen vor der Tür, legen sich absolut bequem hin und entspannen sich. Entleeren Sie zunächst Ihren Geist, bis nur noch einzelne, schwache Gedanken vorhanden sind. Nun platzieren Sie mitten in Ihr Bewusstsein einen einzelnen Gedanken, beispielsweise „Tropischer Sonnenuntergang". Wichtig ist, dass Sie sich Ihr Thema nur denken. Es ist zunächst nicht notwendig, dass Sie Ihren Gedanken sehen (etwa als glutroten Schein über abendlichem Meer). Lassen Sie nicht zu, dass der Gedanke „Tropischer Sonnenuntergang" sich ändert. Schweifen sie nicht ab. Wenn daraus „Sonnenuntergang in den Tropen" wird, oder „Untergang der Sonne", dann führen Sie Ihr Denken sanft aber bestimmt auf den ursprünglichen Satz zurück. Löschen Sie auch alle fremden Gedanken, die sich aufdrängen oder wichtig machen wollen, so wie Sie es weiter oben gelernt haben.

Zunächst wird es Ihnen sehr schwer fallen, einen ganz bestimmten Gedanken rein in Ihrem Denken zu halten. Er wird sich in Ihrem Bewusstsein winden wie eine Schlange. Er wird sich verändern wollen und tausend Assoziationen zur Hilfe holen. Lassen Sie sich davon nicht beeindrucken. Ähnlich wie bei der Übung zur Gedankenbeobachtung legt sich Ihr Gedankensturm nach einiger Zeit.

Sie haben das Ziel Ihrer Übung zur Gedankenkontrolle erreicht, wenn es in Ihrem Denken nur noch diesen einen Gedanken gibt, klar und unangefochten, ohne dass sich andere Gedanken aufdrängen wollen, und ohne dass Sie sich dabei anstrengen müssen.

Die Kontrolle eines Gedankens setzt nicht voraus, dass Sie gar keine anderen Gedanken mehr haben dürfen. Sie sollten aber in der Lage sein, störende Gedanken nach Belieben zu unterdrücken und zu verändern.

4.7 Planen Sie den Ablauf Ihrer Phantasiewelt-reisen

Tagträume sind nicht einfach nur eine Aneinanderreihung von Erlebnissen, sondern haben einen Verlauf, einen Sinn und ein Ziel. Alle Exkursionen in die Welt Ihrer Phantasie stehen unter einem bestimmten Thema, das von Ihren Wünschen, Begierden, Leidenschaften oder Fragen ausgeht und in Form einer Handlung einem Ziel zustrebt. Dieses Ziel besteht in der Erfüllung eines Wunsches, in der Stillung von Begierden oder der Antwort auf Fragen. Dementsprechend finden Sie im Land der Phantasie

Wunscherfüllung, Glücklichsein, Freude oder Antworten.

Um mit einer möglichst großen Ausbeute an schönen Gefühlen aus Ihrem Land der Phantasie zurück zu kehren, sollten Sie sich nicht auf gut Glück in Ihr Tagtraumland begeben, sondern Ihre Phantasie planen. Nur eine geplante Reise in das Land der Phantasie beschert Ihnen eine maximale Ausbeute an schönen Erlebnissen, weil Sie Ihr Glück gleich mitplanen!

Ein Plan für einen Tagtraum besteht aus einer Gliederung mit Einleitung, Hauptteil und Schluss. Der Ablauf Ihrer Phantasieweltreise ähnelt damit einem Roman, einem Theaterstück oder einem Kinofilm. Im Gegensatz zu Romanen, Theaterstücken und Kinofilmen sind Sie jedoch Regisseur, Kulisse, Hauptdarsteller und Zuschauer in einem.

Sie überlegen sich bereits vor Ihrer einleitenden Entspannungsübung, welchen Inhalt Ihre Reise in das Land der Phantasie haben soll. Sie legen bereits vor dem Eintritt in die schillernde Welt Ihrer Phantasie fest, wo die Handlung spielt, als wer oder was Sie im Phantasiewelt-Geschehen auftreten, und ob auch andere Menschen, Tiere oder Fabelwesen Ihr Land der Phantasie bevölkern.

Überlegen Sie sich, welche Art von Erlebnis Sie haben möchten: Brauchen Sie eine Stunde Müßiggang, während Sie die Wellen beobachten und ihrem beruhigenden Klang lauschen? Wollen Sie wilde Abenteuer oder gar Gruselgeschichten erleben? Sehnen Sie sich nach einer zärtlichen Umarmung? Überlegen Sie sich Sinn und Ziel Ihrer Exkursion ins Phantasieland!

Entwerfen Sie auf der Grundlage Ihrer Wünsche eine kurze Handlung. Schreiben Sie sich diese Handlung in Stichpunkten auf. Ideale Themen für Erfahrungen im persönlichen Land der Phantasie sind Wünsche, die in Ihrem Leben prinzipiell unerfüllbar sind. Beispiele für unerfüllbare Wünsche sind: Mit Ihren bereits seit vielen Jahren verstorbenen Urgroßeltern sprechen, die Welt aus der Perspektive einer anderen Person erleben, in einem Kinofilm eine Rolle übernehmen, als Akteur in ein Computerspiel eintauchen, mit einem unerreichbaren Partner zusammen sein.

Als nächstes bauen Sie um Ihre Handlung herum eine Geschichte auf. Lassen Sie die Geschichte sich entwickeln. Überlegen Sie sich, wo sich Ihre Phantasie abspielen soll. In welcher Umwelt wollen Sie Ihre Tagträume erleben? Soll es ein Abbild Ihres Alltags sein? Oder eine Phantasiewelt aus einem Buch? Soll sich Ihr phantastisches Erlebnis am Meer abspielen? Oder im Gebirge? In exotischen Ländern? Soll es in der Jetztzeit handeln, in der Vergangenheit oder der Zukunft?

Wer wollen Sie in Ihrer Phantasiehandlung sein? Sie in Ihrer Alltagsrolle? Oder als anderer Mensch, als Tier, Baum oder Felsen? Wollen Sie in die Rolle des anderen Geschlechts schlüpfen?

Wer oder was soll noch in Ihren Tagträumen vorkommen. Mit welchen Lebewesen wollen Sie in Ihrem persönlichen Land der Phantasie zusammen sein? Welche Beziehung wollen Sie zu diesen Lebewesen haben?

Schreiben Sie all diese Punkte auf. Fragen Sie sich, wie Anfang und Ende Ihrer Phantasiehandlung aussehen sollen. Handlungsbeginn und Handlungsabschluss legen bereits grob den Erfahrungsbereich fest, in dem sich Ihre Vorstellungen abspielen werden. Wenn beispielsweise der Anfang Ihrer Phantasiehandlung darin besteht, dass Sie in einer Hängematte auf einer tropischen Insel liegen, und Ihr Ziel, dass Sie ein Bad in den milden, salzigen Fluten nehmen, wird Ihre phantasierte Handlung keine besonderen Höhen und Tiefen aufweisen. Ihr Erleben wird in diesem Fall von der Wärme der Sonne auf Ihrer Haut, dem Rauschen der Brandung und dem Duft nach Meer und tropischen Blüten bestimmt sein. Eine Phantasie, die im Mittelalter spielt, mit dem Beladen von spanischen Schiffen beginnt und mit der Entdeckung eines neuen Kontinents endet, wird dagegen wesentlich mehr an Spannung in sich tragen.

Gestalten Sie den Plan Ihres Ausflugs ins Land der Phantasie attraktiv. Verleihen Sie ihm Farbe. Entwerfen Sie eine bunte Geschichte, die Sie selbst dann hochinteressant fänden, wenn sie die Handlung eines Romans wäre. Gestalten den Plan eines Abenteuertagtraums so spannend, dass Sie selbst dann noch begeistert wären, wenn Sie sich ihn als Film im Kino ansehen würden. Planen Sie Ihre Gruselphantasien so schauerlich und unheimlich, dass Sie selbst beim Aufschreiben schon Gänsehaut bekommen. Füllen Sie in Ihre erotischen Phantasien Ihre ganze Lust und Liebe, so dass Sie bereits jetzt die Vorfreude in Ihrem Bauch spüren - und vielleicht auch etwas tiefer.

Und legen Sie in die Pläne für Ihre erholsamen Phantasien die ganze Kraft Ihrer Sehnsucht nach einem Land, in dem Ihnen das Zu-sich-Finden leicht fällt.

Spannend und interessant wird ein Plan für Phantasiereisen, wenn Sie in die Handlung Widerstände einbauen. Lassen Sie Feinde auftreten oder Monster; böse Kräfte, Schicksalsschläge und Naturgewalten. Balancieren Sie Ihre Geschichte so aus, dass scheinbar auch die Möglichkeit besteht, dass Sie scheitern – obwohl Sie ganz genau wissen, dass Sie nicht *wirklich* scheitern können.

Denken Sie sich für Ihr Handeln Begründungen aus. Erfinden Sie Autoritäten, die für Sie sprechen, oder ändern Sie ganz einfach die Naturgesetze. Sie allein bestimmen den Inhalt Ihrer Phantasien! Erschaffen Sie sich Freunde, Feinde und allmächtige Beschützer. Lassen Sie ein allwissendes Wesen erscheinen, das Sie jederzeit um Rat fragen können. Bringen Sie ein allmächtiges Wesen hervor, das an Ihrer Seite gegen Ihre Feinde kämpft.

Lassen Sie Ihren Vorstellung freien Lauf. Zwingen Sie sich zu nichts. Es spielt keine Rolle, wenn die geplante Tagtraumhandlung Naturgesetzen zuwider läuft, und wenn es in Ihrer Geschichte nur so von Zwergen, Monstern und Feen wimmelt. Sie sind Herr oder Herrin Ihrer Tagträume und Sie entscheiden, was in Ihrem Entwurf steht. Nur zu, es ist niemand da, der Sie beobachtet. Und es gibt niemanden, der Sie für Ihre Phantasien zur Rechenschaft zieht!

Schreiben Sie Ihre geplante Phantasiehandlung auf. Formulieren Sie sie so, dass sie den zugrunde liegenden Wunsch überreichlich erfüllt. Komponieren Sie den Tropeninsel-Urlaub zu einem erfüllenden, beruhigenden und erholsamen Erlebnis. Verzaubern Sie Ihre Reiterferien in der Armee des Dschingis-Khan zu einem unvergesslichen Abenteuer. Was zählt, ist die Freude und Erfüllung, die Ihnen Ihr Phantasieerlebnis beschert. Da jeder Ausflug ins Land der Phantasie auf einem wichtigen persönlichen Wunsch basiert, können Sie den geplanten Tagtraum nicht nur einmal, sondern viele Male träumen. Mit der Zeit werden Sie den Entwurf Ihrer Phantasiehandlung immer weiter perfektionieren und schon beim Eintauchen in die Welt Ihrer Phantasie den Eindruck haben, dass sich Ihnen ein zweites Leben erschließt.

4.8 Die Einleitung: Das thematische Tor in Ihre Phantasiewelt

Handlungen in Ihrer Phantasiewelt können sich radikal von Ihrem Lebensalltag unterscheiden. Eine Phantasiereise mit dem Thema „Mit der Kamelkarawane durch die Arabische Halbinsel" hat nichts mit Ihrem mitteleuropäischen Arbeitsalltag gemein. Und auch zwischen einem Phantasie-Erlebnis, in dem Sie als Medizinmann einer Steinzeitsiedlung vor einer Höhle das Feuer beschwören, und Ihrem derzeitigen Lebensalltag gibt es gewaltige Unterschiede. Stürzen

Sie sich nicht gleich aus Ihrem Alltagsleben in Ihre Phantasiewelt. Schaffen Sie sich einen sanften Übergang in Form einer Einleitung.

Besteht Ihre Reise in die Welt der Phantasie in einer halben Stunde Ausruhen auf einem Baumhaus, dann benötigen Sie natürlich keine besondere Einleitung. Bei großen thematischen Unterschieden zwischen Ihrer Jetztwelt und der phantasierten Traumwelt hilft Ihnen eine Einleitung, schnell und problemlos in Ihre Phantasiehandlung einzutauchen.

Die Einleitung als Tor zu Ihrer Insel des Glücks ähnelt dem Vorwort in einem Buch oder dem Vorspann zu einem Kinofilm. Im Unterschied zu Einleitungen in Büchern und Filmen geht es jedoch bei Ihren Phantasien nicht darum, Sie mit der Situation Ihrer Phantasiewelt vertraut zu machen, denn die kennen Sie ja bereits aus Ihrem Entwurf. Die Einleitung erfüllt vielmehr die Rolle, Sie schnell in die richtige Stimmung für Ihre Phantasien zu bringen. Sehr gut als Einleitung eignet sich daher eine verkürzte Fassung Ihres Handlungsplanes. Eine Einleitung könnte folgendermaßen aussehen:

„Jetzt befinde Ich mich auf meiner tropischen Sommerinsel. Zuerst werde ich mich in den Schatten der hohen Palmen setzen, dann eine Viertelstunde im salzigen Tropenmeer baden und schließlich mit meinen Freunden am Strand spazieren gehen."

Sie entwerfen den Ablauf Ihrer phantastischen Exkursionen immer außerhalb Ihrer eigentlichen Reisen ins Land der Phantasie. Um dann während Ihres Tagtraums wirklich die geplante Handlung zu erleben, müssen Sie sich Ihren Entwurf in groben Zügen merken können. Bedenken Sie, dass Sie vor dem Eintritt in Ihr Land der Phantasie alle Sorgen und Probleme vergessen und Ihr Denken entleeren sollten. Möglicherweise können Sie sich jedoch nach der Übung der Gedankenleere nicht mehr richtig an Ihren Handlungsentwurf erinnern. Dann ist es von großem Nutzen, wenn Sie das Gerüst Ihrer geplanten Phantasie auswendig kennen. Lernen Sie die Kurzfassung Ihres Handlungsplans auswendig und wiederholen sie zu Beginn des Eintritts in Ihre Vorstellungswelt in Form einer Einleitung. Gut bewährt haben sich auch kurze Sätze, die man leicht auswendig lernen und in Form eines kurzen Leitsatzes immer wieder aufsagen kann. Beispiele für solche Ultrakurzeinleitungen sind: "Liebe und Erholung auf meiner Sommersonneninsel." Oder: „Zu Besuch bei meinen Urgroßeltern".

Der Übergang zwischen Ihrer Alltagswelt und Ihrer phantastischen Traumwelt stellt sich nun folgendermaßen dar:

- Überlegen Sie sich, welchen Wunsch Sie gerne im Rahmen einer phantasievollen Geschichte erleben möchten.
- Planen Sie eine Phantasiehandlung, die Sie anmacht. Erstellen Sie von dem Plan eine Kurzform, die Sie auswendig lernen.
- Begeben Sie sich an Ihren Ort für Reisen in phantastische Welten und legen sich hin. Las-

sen Sie Ihre Sorgen und Probleme vor der Tür.

- Entspannen Sie sich. Beobachten Sie Ihre Gedanken, bis sie sich beruhigt haben. Entleeren Sie Ihr Denken. Nur das Thema Ihrer Phantasiehandlung sollte in Kurzform im Hintergrund Ihres Denkens sein.
- Leiten Sie den Übergang in Ihre Vorstellungswelt thematisch ein. Gehen Sie in Gedanken die auswendig gelernte Kurzform Ihrer Reise in Ihr persönliches Paradies durch.
- Starten Sie Ihre Phantasie. (Wie Sie das machen, erfahren Sie ab Seite 67.)

4.9 Der Hauptteil: Mitten im Spielfeld Ihrer Phantasie

Die Formulierung Ihrer Wünsche, die Planung Ihrer Phantasiehandlung, die Entspannung und die Einleitung stellen für Sie Routinen zur Öffnung der Tür in Ihr persönliches Land der Phantasie dar. Es sind Vorbereitungen zur eigentlichen Exkursion in die Tagtraumwelt, und entsprechen damit anderen vorbereitenden Routinen Ihres Alltages. So gehen Sie früh nicht ungewaschen und im Nachthemd zur Arbeit. Und wenn Sie mit Ihrem Auto fahren wollen, müssen Sie zuvor die Autotür öffnen, sich hineinsetzen, die

Tür schließen, den Sicherheitsgürtel anlegen und den Motor starten, bevor Sie losfahren können. Im Vergleich zur Fahrtstrecke ist diese Startroutine unbedeutend und fällt in Bezug auf Zeit und Aufwand nicht ins Gewicht. Ähnlich verhält es sich bei der Startroutine zu Ihren Exkursionen in Ihr persönliches Paradies. Einmal eingeübt, fällt ihre Ausführung nicht mehr schwer.

Im Hauptteil Ihrer Phantasiereise können Sie die Früchte Ihrer Bemühungen ernten. Hier erleben Sie spannende Abenteuer, spazieren auf weißem Dünensand und baden in klaren Flüssen zu einer Zeit, als die Erde noch nicht von Menschen bewohnt war. Im Hauptteil erhalten Sie den Lohn für Ihre Vorbereitungen. Sie fühlen sich glücklich, Sie erholen sich, Sie finden wieder Sinn in Ihrem Leben. Im Hauptteil wird Ihnen klar, dass es Welten gibt, in denen die Gesetze des Alltagslebens nicht mehr zählen.

Die Erlebnisse im Hauptteil Ihrer Phantasiehandlung folgen im wesentlichen Ihren Vorgaben im Plan. Ohne das stützende Gerüst Ihres Phantasiewelt-Handlungsplans wird aus Ihrer Reise in Ihr persönliches Paradies eine ganz normale, wilde Phantasie, irgendwo zwischen einem ungeplanten Tagtraum und einem ganz normalen Schlaftraum. Ohne die Orientierung am Plan wäre die Phantasiehandlung Ihrer bewussten Kontrolle entzogen und Sie hätten keine Möglichkeit sie zu einem bunten, realistischen und jederzeit wiederholbaren Erlebnis auszubauen.

Im Hauptteil folgen Sie Ihrem Plan Punkt für Punkt: Zuerst bei Sonnenaufgang auf der schmalen

Landzunge weit ins Meer hinausgehen, dann zwischen Dünen im weißen Sand liegen und nachdenken. Danach mit einem lieben Menschen in den salzigen Wellen baden.

Während Sie einerseits das Gerüst Ihres Handlungsplans benötigen, um sich in einem geschlossenen phantasierten Handlungsraum bewegen zu können, sollten Sie andererseits Ihrer Phantasie auch immer genug Spielraum für neue Entwicklungen geben. Gestalten Sie Ihren Plan nicht zu starr. Finden Sie das richtige Verhältnis zwischen Planung und Zufälligkeit. Wenn Sie beispielsweise zwischen den blühenden Hibiskusbüschen liegen und plötzlich im Violett der Blüten eine kleine, bunte Eidechse entdecken, die in ihrem prächtigen, grün und rot schillernden Panzer mit Genuss herab gefallene Blütenblätter verspeist, dann unterdrücken Sie diese Erscheinung nicht. Sehen Sie der Eidechse eine Zeit lang zu. Erfreuen Sie sich an der Lebendigkeit ihrer Bewegung. Behalten Sie aber Ihren eigentlichen Handlungsplanung immer in Ihrem Denken. Lassen Sie sich durch das Erscheinen der Eidechse nicht von der Durchführung Ihres Entwurfs abbringen. Später, wenn Sie mit Ihrem geliebten Menschen in den klaren Wellen baden oder mit ihm am Strand entlang schlendern, können Sie ja von der Eidechse erzählen.

Neben den Erlebnissen, die Sie in Ihrem Handlungsplan vorgesehen haben, erscheinen in Ihrer Phantasiewelt immer wieder spontane Episoden. Meist dreht sich die Handlung dieser ungeplanten Passagen um ganz banale Themen. Manchmal jedoch eröffnen sich plötzlich verlockende Aspekte. Stellen Sie sich vor, Sie ruhen sich zwischen den blühenden Hibiskusbüschen aus, und plötzlich erscheint ein Mensch, den Sie aus Ihrem Alltag kennen, attraktiv finden und der Ihnen ein erotisches Angebot macht. Wie werden Sie sich in so einer Situation verhalten? Wenn Sie auf das Angebot eingehen, folgen Sie nicht mehr Ihrem Handlungsplan, und Ihre Phantasiehandlung nimmt eine unvorhersehbare Entwicklung. Schlagen Sie das Angebot aus, dann haben Sie möglicherweise eine Gelegenheit verstreichen lassen, sich ein verstecktes Bedürfnis zu erfüllen.

Selbst erfahrene Wanderer in Phantasiewelten werden regelmäßig mit solchen unvorhergesehenen Abweichungen vom Tagtraum-Handlungsplan konfrontiert. Bei Anfängern führt eine Abkehr vom vorgefertigten Gerüst des Tagtraumentwurfs meist zu Schwierigkeiten. Im ungünstigsten Fall gerät der Tagtraum vollends außer Kontrolle. Die tagträumende Person findet sich plötzlich in einer Handlungsfolge wieder, die sich um eines ihrer Alltagsprobleme dreht. Manchmal schlafen die Phantasiewelt-Reisenden ganz einfach ein.

Der Hauptteil Ihrer Exkursionen ins Land der Phantasie gleicht einem Balanceakt zwischen einem Zuviel und einem Zuwenig an Kontrolle. Sobald Sie versuchen, Ihren Ausflug ins Land der Träume zu streng zu kontrollieren, unterdrücken Sie die Kraft Ihrer Phantasie und werden keine bunten und klaren Erscheinungen erleben. Ihre Erlebnisse ähneln dann einem intensiven, wiederholenden Denken Ihres

Handlungsplans. Überraschend und spannend wird Ihre Reise in Ihr Paradies, wenn Sie Ihrer Phantasie Raum zum Austoben geben. Führen Sie daher Ihre Phantasie am langen Zügel. Lassen Sie sie galoppieren, bestimmen aber immer *Sie selbst*, wo es hingehen soll. Geben Sie Ihrer Schöpferkraft nicht zuviel Freiheit, sonst löst sich die Tagtraumhandlung vom Handlungsplan ab und Sie werden aus dem Land der Phantasie geworfen oder fallen in das Loch des Schlafes.

Was machen Sie also, wenn sich hinter den bunten Hibiskusbüschen die faszinierendsten Gelegenheiten verbergen? Bei meinen Reisen in die Welt der Phantasie hat sich folgendes Vorgehen bewährt: Brechen Sie Ihre Phantasiehandlung zunächst ab. Kehren Sie zurück in Ihre Alltagswelt und ändern den Plan Ihrer Phantasiehandlung. Notieren Sie die Änderungen. Jetzt reisen Sie erneut in Ihr persönliches Paradies und folgen dem neuen Plan.

Änderungen können sich auf Details beziehen und den neuen Entwurf nur minimal modifizieren. Sie können aber auch zu einer völlig geänderten Phantasiehandlung führen. Aus dem Entwurf: „Ankunft auf meiner Trauminsel, am Strand spazieren gehen, zwischen blühenden Hibiskusbüschen dem Rauschen des Meeres zuhören, im Meer baden, in meinen Alltag zurückkehren", wird dann möglicherweise: „Ankunft auf meiner Insel des Glücks, zärtliche Liebe zwischen blühenden Hibiskusbüschen mit ... im Meer baden, in meinen Alltag zurückkehren."

Formulieren Sie den Entwurf für den Abschluss Ihres Hauptteiles nicht allzu eng. Aus allen Reisen in das Land Ihrer Phantasie bringen Sie Anregungen und Wissen in Ihren Alltag mit. Erfahrungen aus Reisen ins Paradies können für Sie sogar in einer neuen Erkenntnis gipfeln. Ich habe noch nie mein Land der Phantasie ohne eine wertvolle Erfahrung im Gepäck verlassen. Mit einem unflexiblen Abschluss würden Sie diese Erfahrung unterdrücken. Also lassen Sie am Ende Ihrer phantastischen Exkursionen Raum für Phantasie. Lassen Sie die Quellen Ihrer inneren Welt reichhaltig sprudeln und kehren beglückt, zufrieden, erfüllt und erholt in Ihre Alltagswelt zurück.

Wenn es Ihnen schwer fällt, aus Ihrem persönlichen Paradies zurück in Ihre Alltagswelt zu gelangen, dann schreiben Sie den Übergang zwischen Traumwelt und Alltag mit in Ihren Entwurf hinein. Beispielsweise: „ ... abschließend gehe ich am Strand spazieren. Dann lege ich mich in den weißen, weichen, warmen Sand, schließe meine Augen und öffne sie in meinem Alltagskörper wieder. Ich befinde mich in meinem Bett im Zimmer für Reisen in phantastische Welten und fühle mich rundherum wohl."

Zurück im Alltag bleiben Sie noch eine Weile liegen. Strecken Sie sich, bewegen Hände, Arme, Füße, Beine und Kopf. Dann erst beenden Sie Ihren Tagtraum mit dem Auszeitenderitual.

4.10 Bewerten Sie Ihre Phantasien

Wenn Sie aus der Welt Ihres persönlichen Paradieses zurückgekehrt sind, sollten Sie nicht gleich zu Ihren Alltagsbeschäftigungen übergehen. Auf jede Rückkehr aus der Phantasiewelt sollte eine Bewertung folgen. Nehmen Sie sich die Zeit, um über Ihre Tagtraumerlebnisse nachzudenken, Schlüsse daraus zu ziehen oder neue Pläne für die nächste Phantasieweltreise zu schmieden. Bleiben Sie noch ein Weilchen entspannt liegen. Lassen Sie die Etappen Ihrer Phantasiereise noch einmal im Geiste vorüberziehen: Der Entwurf zu Ihrer Phantasie-Handlung, die Entspannung, die Einleitung und das bunte Treiben des Hauptteils. Fragen Sie sich, was Sie aus den Erlebnissen im Land der Phantasie lernen können. Was wollen Sie das nächste Mal besser machen? Gaben Ihnen die Erlebnisse in der Vorstellungswelt die Erfüllung, Kraft und Freude, die Sie von ihnen erwartet haben? Notieren Sie sich die Höhepunkte der gerade beendeten Tagtraumexkursion. Überlegen Sie sich, inwieweit Sie Ihren Plan in eine konkrete Phantasiereise umsetzen konnten. Gab es dabei Schwierigkeiten? Ändern Sie Ihren Plan an den entsprechenden Stellen.

5 Wie Sie Leben, Farbe und Licht in Ihre persönlichen Phantasien bringen

5.1 Von der Theorie zur Praxis

Wenn Sie Ihre innigsten Wünsche zu phantasievollen Handlungsplänen formen, sich in der sorgenfreien Zone Ihres Ortes für Reisen in phantastische Welten gemütlich hinlegen und frei von den Problemen Ihres Alltags auf Traumreisen gehen, haben Sie bereits intensivere Erlebnisse des Abenteuers, der Erotik und der Entspannung, als beim Lesen eines spannenden Buches. Was Ihren Phantasieerlebnissen noch fehlt, sind Sinneserlebnisse: Sehen Sie den Tagtraumstrand mit Ihren innern Augen, hören die Brandung mit Ihren inneren Ohren und spüren die Sonne mit Ihrem inneren Fühlen.

Da Ihre Phantasiewelt nicht aus sich selbst existiert, sondern von Ihnen entworfen worden ist, können Sie nicht einfach in sie hineingehen, sondern müssen sie erst erschaffen. Das hört sich schwierig an, ist aber relativ leicht. Der Aufbau Ihrer Phantasiehandlung entspricht der im Handlungsplan festgelegten Reihenfolge:

- Aufbau der Umgebung, in der sich Ihre Phantasie abspielen soll (in freier Natur, in einem Zimmer, am Meer, im Gebirge, auf einem fremden Planeten, in der Wüste, unter Wasser).
- Aufbau Ihres Körpers (Ihr eigener Körper, der Körper einer anderen Person, nichtmenschliche Körper).
- Beginn der eigentlichen Handlung. Ihre Phantasiehandlung beginnt zu >laufen<. Zwar kommt es bereits beim Aufbau der Umgebung und des Körpers zu einfachen Geschehensabläufen – nämlich der Erlebnisse, die diesen Aufbau betreffen. Die im Handlungsplan entworfene Handlung startet jedoch erst jetzt.
- Aufbau weiterer Personen (oder Wesen), die in Ihrer Phantasie eine Rolle übernehmen sollen. Andere Personen können durchaus auch erst einige Zeit nach dem Beginn der eigentlichen Tagtraumhandlung erscheinen – je nachdem, wo sie im Entwurf vorgesehen sind. In manchen Phantasien haben Sie möglicherweise gar keine Mitspieler.

Sobald Sie Routine im Starten von Tagträumen haben, brauchen Sie diese Punkte nicht mehr einzeln zu durchlaufen. Sie starten dann Ihren Tagtraum, indem Sie sich einfach in die entsprechende Situation versetzen.

5.2 Der Aufbau des Handlungsortes Ihrer Tagträume

Wie Erlebnisse des Alltags, spielt auch ein Tagtraum an einem bestimmten Ort, zu einer bestimmten Zeit und in einem bestimmten Bezugsrahmen. Diese Bühne für Ihre Phantasien müssen Sie sich erst erschaffen. Keine Angst, das ist nicht schwer, denn in der Vorstellungswelt ist auch der Handlungsort nichts weiter als eine bloße Phantasie.

Starten Sie Ihren Tagtraum immer mit der Vorstellung der Phantasie-Umgebung. Wenn Sie Ihre Phantasieerlebnisse auf einer tropischen Insel in Szene setzen, dann *fühlen* Sie sich in der Umgebung <tropische Insel>. Seien Sie sich bewusst, dass Sie auf dem weichen Sand des Strandes liegen, das Donnern der Brandung hören, die salzige Seeluft riechen und die Kraft der südlichen Sonne spüren. Erleben Sie sich an dem von Ihnen gewählten Phantasie-Schauplatz mit absoluter Selbstverständlichkeit. Beseitigen Sie jeden Zweifel daran, so wie Sie gelernt haben, unliebsame Gedanken zu unterdrücken. Machen Sie sich nichts daraus, wenn Sie bei dem noch so ausdauernden Versuch, Sand unter Ihrem Rücken zu spüren, nur das Betttuch fühlen. Normalerweise hat jeder Anfänger diese Schwierigkeiten. Erzwingen Sie nichts. Wenn Sie zunächst nur ein Kribbeln in Ihrem Rücken fühlen, dann ist das in Ordnung. Geben Sie aber nicht auf. Bleiben Sie in Ihrer Phantasie-Umgebung mit dem Bewusstsein der unerschütterlichen Sicherheit, dass all Ihr Erleben absolut real ist.

Es gibt kein nicht-reales Erleben. Auch Phantasieerlebnisse sind real. Reale Phantasieerlebnisse eben. Wo und wie Sie gerade Ihre Welt erleben, ist für Sie Realität; unabhängig davon, ob es sich um Ihren Alltag handelt oder um eine Episode in einer geplanten Phantasie. Ganz gleich, ob Sie gerade durch eine mittelalterliche englische Stadt reiten oder auf der Brücke eines Raumschiffs des zweiundzwanzigsten Jahrhunderts stehen - für Sie ist im Augenblick Ihres Erlebens immer Realität. Erleben Sie sich daher in Ihrem Land der Phantasie mit absoluter Selbstverständlichkeit als natürlichen Teil der vorgestellten (und von Ihnen geplanten) Situation. Lassen Sie sich nicht abschrecken von der vermeintlichen Kompliziertheit der Phantasiewelt. Der Aufbau von lebensechten Phantasien ist ein ähnlich grundlegendes Unterfangen wie das Erlernen des Gehens und Sprechens. Wenn Sie es erst einmal beherrschen, schenkt es Ihnen entschieden mehr Kraft, als Sie je dafür aufgewendet haben.

5.3 Die Entwicklung des Phantasiewelt-Körpergefühls

Wenn Sie sich am Handlungsort in ihrer Phantasiewelt anwesend fühlen, stellen Sie sich als nächstes sich selbst vor. Das ist nicht mehr sonderlich schwer. Mit dem Bewusstsein, auf weichem Korallensand zu stehen, kommt auch das Bewusstsein von Füßen und Beinen. Mit dem Bewusstsein, in den klaren Wellen zu schwimmen, kommt auch das Bewusstsein, einen Körper zu besitzen. Wenn Sie sich vorstellen, wie die würzig-salzige Luft durch Nase, Rachen und Luftröhre in Ihre Lunge strömt, haben Sie zugleich ein Bewusstsein von diesen Organen.

Sie müssen sich aber nicht notwendigerweise mit einem Abbild Ihres Alltagskörpers durch die Phantasiewelt bewegen. Sie können auch in den Körper eines anderen Menschen oder den eines Tieres schlüpfen. Wenn Sie es wollen, können Sie sich als Fluss, Meer oder Wolke fühlen. Allerdings ist es für einen Anfänger zunächst leichter, in seinem gewohnten Alltagskörper durch die Phantasiewelten zu reisen. Der Aufbau einer Phantasie-Umwelt ist vorerst schwer genug. Jede weitere Konzentration kostet Energie – und die fehlt Ihnen dann möglicherweise für den Beginn Ihrer phantastischen Träume. Später, als Phantasiewelt-Profi, können Sie in Körper anderer Personen schlüpfen oder einen Körper des anderen Geschlechtes wählen, als Tier auftreten, als Pflanze, Stein oder Wolke.

Die Umgebung, in der Ihre Phantasie handeln soll, und der Körper, den Sie bei Ihren Tagträumen besitzen, sind die Fundamente Ihres persönlichen Landes der Phantasie. Erst wenn es Ihnen möglich ist, beides sicher in Szene zu setzen, können Sie andere Personen oder Lebewesen erscheinen lassen und in die Traumhandlung einbinden.

Wenn Sie Schwierigkeiten haben, in Ihrer Phantasiewelt einen Körper zu erleben, dann probieren Sie einmal folgende Übung:

<u>Übung zur Entwicklung des Phantasiewelt-Körpergefühls</u>
Legen Sie sich bequem hin und entspannen sich. Stellen Sie sich vor, dass sich in Ihrem Körper aus Fleisch und Blut noch ein zweiter Körper befindet, mit dem Sie ähnlich empfinden und handeln können, wie mit Ihrem gewohnten Alltagskörper. Nun versuchen Sie, die Arme dieses Phantasiekörpers zu bewegen, während Ihr Alltagskörper entspannt liegen bleibt. Drehen Sie Ihre Phantasiearme, heben sie hoch, gestikulieren mit ihnen. Sie sollten die Bewegungen Ihrer Phantasiearme deutlich spüren. Als nächstes bewegen Sie Ihre Phantasiebeine, während Ihre Alltagskörperbeine entspannt liegen bleiben. Dann üben Sie mit Ihrem Phantasie-Hals und Phantasie-Kopf.

Sobald Sie Phantasiearme, -Beine und -Kopf unabhängig von den Armen und Beinen Ihres Alltagskörpers bewegen können, bewegen Sie Ihren gesamten

Phantasiekörper. Drehen Sie sich hin und her, vollziehen eine ganze Drehung – und stehen auf. Seien Sie vorsichtig. Dieser Zustand ist zunächst sehr labil. Leicht könnten Sie wieder in Ihren Körper aus Fleisch und Blut zurückgezogen werden. Falls das geschieht, beginnen Sie Ihre Übung von neuem.

Nach einiger Zeit fällt Ihnen der Aufenthalt außerhalb Ihres Alltagskörpers nicht mehr schwer. Sie können sich ein paar Schritte von Ihrem Alltagskörper entfernen und sich frei bewegen. Erleben Sie Ihren Phantasiekörper mit intensiver Selbstverständlichkeit. Wenn Sie Empfindungen aus Ihrem Alltagskörper spüren, beispielsweise ein Kitzeln am Ohr oder den Druck des Rückens auf seiner Unterlage, dann stellen Sie sich mit Ihrem Phantasiekörper bewusst neben Ihren Körper aus Fleisch und Blut und verorten diese Empfindungen eindeutig in Ihrem Alltagskörper. Sagen Sie sich: „Das Kitzeln des Kopfkissens spüre ich am Ohr meines Alltagskörpers. Es hat nichts mit meinem Phantasiekörper zu tun!" Seien von dieser Aussage vollkommen überzeugt. Störungen aus Ihrem Alltagskörper nehmen in dem Maße ab, wie Sie sie auf Ihren Körper aus Fleisch und Blut zurückführen. Sie werden für Ihre Phantasiewelt ähnlich unwichtig wie sie für normale Schlafträume belanglos sind.

Bauen Sie die Fähigkeit des phantastischen Körpergefühls in Ihre Phantasieweltreise ein:

Begeben Sie sich an Ihren Ort für Reisen in phantastische Welten, lassen Ihre Sorgen vor der Tür, legen sich hin und entspannen sich. Ihr Phantasiewelt-Handlungsplan lautet: „Ein kurzer Spaziergang am Strand". Beobachten Sie Ihre Gedanken, bis sie sich beruhigt haben. Nun stellen Sie sich Ihre Insel vor: Rechts der Strand mit dem weichen, weißen, sonnenerwärmten Sand, weiter unten die Wellen, feucht und salzig. Nach links setzt sich der Sandstrand im Schatten hoher Palmen fort und geht über in einen von bunten Hibiskusbüschen gesäumten Weg. Intensiv spüren Sie Ihre Anwesenheit an diesem Ort. Absolut bewusst gehen Sie am Strand entlang, versichern sich immer wieder Ihres Standortes, achten auf die Lage Ihres Phantasiewelt-Körpers zum Meer und zu den Palmen. Sie fühlen sich intensiv als Teil der Situation.

Erst mit dem Start Ihrer Handlung (d.h. mit dem im Plan vorgesehenen Beginn) kann man von einer phantastischen Reise im eigentlichen Sinne sprechen. Aber noch können Sie in Ihrer Phantasiewelt weder sehen noch hören, und auch nicht riechen und schmecken. Darüber hinaus fehlt Ihnen ein deutliches Körpergefühl mit allen dazugehörigen Empfindungen wie Schwere, Temperatur, Lage, Beschleunigung, Schmerz, Kitzel usw. Aufgrund dieses Mangels erscheinen Ihnen möglicherweise Ihre Ausflüge in die

Welt Ihrer Phantasie eher wie intensive Gedanken, aber nicht wie echtes Erleben.

5.4 Sehen in der Phantasiewelt

Klar und deutlich zu sehen, hören und spüren sind nicht nur im Alltag wichtige Fähigkeiten. Je klarer Sie Ihre Phantasie-Umgebung sehen, hören und fühlen können, desto realistischer sind Ihre Erlebnisse in der Vorstellungswelt. Wenn Sie diese Fähigkeiten nicht entwickeln, wird Ihr Aufenthalt in Ihrem persönlichen Paradies nur ein schwaches Abbild Ihrer Alltagswelt sein.

Bei der Entwicklung des Sehens in der Phantasiewelt geht es in erster Linie darum, bei geschlossenen Augen des Alltagskörpers mit den inneren Augen klar und deutlich Phantasiebilder wahrzunehmen. Es handelt sich also um das Hervorrufen von Seherlebnissen mit der reinen Kraft des Willens. Mit der folgenden Übung und einer guten Portion Durchhaltevermögen werden auch Sie klare optische Visionen aufbauen können.

Übung zum Klarsehen (einleitende Übung)
Begeben Sie sich an Ihren Ort für Reisen in phantastische Welten und schicken Ihre Sorgen nach draußen. Nehmen Sie ein Bild zur Hand, beispielsweise

eines von einer grünen, tropischen Insel im blauen Meer. Wählen Sie Ihr Motiv nach Ihren eigenen Wünschen und Vorstellungen. Platzieren Sie das Bild so, dass Sie es von Ihrer Liege oder Ihrem Bett aus gut sehen können. Legen Sie sich hin, entspannen und beobachten Ihre Gedanken. Sobald Gedankenruhe eingetreten ist, betrachten Sie das Bild an der Wand. Prägen Sie sich Einzelheiten ein: die Farben der Landschaft und des Himmels, die Form der Palmen vor weißgrauen Wolken. Dann schließen Sie die Augen und versuchen, das eben betrachtete Bild so deutlich und klar wie möglich vor Ihren inneren Augen zu sehen.

Zu Beginn Ihrer Übung wird die geistige Nachbildung des Gesehenen nur kurz, unklar und schwach gelingen. Möglicherweise sehen Sie Einzelteile Ihres Bildes nur für Bruchteile von Sekunden; oder Sie sehen das ganze Bild, aber nur als undeutlichen Schatten. Geben Sie nicht auf. Wiederholen Sie Ihre Übung wieder und wieder. Mit der Zeit wird die Verweildauer Ihrer Vorstellung des gesehenen Bildes zunehmen und immer klarer werden.

Für den Fall, dass Sie zu überhaupt keinen Phantasiebildern fähig sind, also trotz intensiver Bemühungen gar nichts sehen, gibt es einen eleganten Kunstgriff, um dennoch das innere Sehvermögen zu entwickeln. Betrachten Sie das Bild an der Wand für einige Sekunden. Dann schließen Sie Ihre Augen. Der optische Eindruck wird noch für Sekundenbruchteile in Ihrem Bewusstsein bleiben. Sobald der Eindruck des Gesehenen verschwunden ist, öffnen Sie kurz Ihre Augen und betrachten das Bild von neuem.

Dann schließen sie wieder Ihre Augen und halten den optischen Eindruck abermals so lange wie möglich in Ihrem Bewusstsein. Öffnen und schließen Sie Ihre Augen in Intervallen von einer halben Sekunde bis hin zu mehreren Sekunden. Mit der Zeit werden die Zeitspannen, in denen Sie das Bild deutlich vor Ihren geschlossenen Augen sehen, immer länger.

Sobald Sie in der Lage sind, sich das Bild oder einzelne Teile des Bildes für mehrere Minuten vorzustellen, gehen Sie dazu über, es aus Ihrer Erinnerung aufzubauen. Erschaffen Sie es in seiner ganzen Pracht und Klarheit, ohne hinzusehen. Ändern Sie Kleinigkeiten. Bringen Sie Bewegung hinein. Lassen Sie die Palmblätter sich im Südwind bewegen. Tauchen Sie die Szenerie in das Glutrot eines Sonnenuntergangs.

Erfahrungsgemäß sieht man sich sehr schnell an einem Bild satt. Vor allem, wenn der Erfolg auf sich warten lässt, werden bekannte Strukturen rasch langweilig. Und Langeweile führt dazu, dass Sie sich nicht mehr richtig auf Ihre optische Übung konzentrieren können, dadurch keine Fortschritte mehr erzielen, noch gelangweilter werden und schließlich genervt und verärgert aufgeben. Lassen Sie es zu keiner Langeweile kommen! Um aufkeimender Langeweile vorzubeugen, können Sie regelmäßig das Motiv Ihres Bildes wechseln. Halten Sie sich hierzu eine Reihe bunter Kalender mit verschiedenen großformatigen Landschafts- und Naturmotiven bereit. Auch reich bebilderte Bücher haben sich zu diesem Zweck bewährt. Gut geeignet für die Übung des Klarsehens sind Projektoren, mit denen sich großformatige Bilder an die Wand zaubern lassen.

Sobald Sie eines der Bilder oder Teile daraus klar und jederzeit wiederholbar vor Ihren geistigen Augen sehen können, sollten Sie zu reinen Phantasiebildern übergehen. Nutzen Sie ruhig die auswendig gelernten Strukturen des Bildes an der Wand als Keimzelle für Ihre optischen Phantasien. Bauen Sie um das Bild an der Wand herum weiter an Ihrer Insel des Glücks. Lassen Sie den Strand in einem weiten Bogen aus Sand auslaufen. Stellen Sie eine kleine Hütte oder ein vornehmes, mit Schilf gedecktes Südseehotel hinein und betrachten die Hotelgäste auf der schattigen Veranda. Mit welchem der Gäste würden Sie gerne eine Stunde am Strand verbringen? Lassen Sie Ihren inneren Blick weiter schweifen. Betrachten Sie die Wipfel der Palmen, die zarten, weißen Wolken in der Ferne, wo Himmel und Meer einander zu berühren scheinen.

Üben Sie Ihren Gesichtssinn im Land der Phantasie:
Begeben Sie sich an Ihren Ort für Reisen in phantastische Welten und lassen Ihre Sorgen vor der Tür. Legen Sie sich bequem hin und entspannen Sie. Ihr Phantasiewelt-Handlungsplan lautet: „Ein kurzer Spaziergang am Strand". Beobachten Sie Ihre Gedanken, bis sie sich beruhigt haben. Nun stellen Sie sich Ihre Insel vor. Nutzen Sie hierfür die Eindrücke aus Ihrer Bilderübung. Gehen Sie, so wie Sie es bei den Übungen zum Phantasiewelt-Körpergefühl geübt

haben, aus Ihrem Alltagskörper heraus und in das vorgestellte Bild hinein. Fühlen Sie intensiv die Anwesenheit des Meeres zu Ihrer Rechten und der Palmen zu Ihrer Linken.

Nun öffnen Sie vorsichtig Ihre Phantasiewelt-Augen. Beginnen Sie mit der Vorstellung des Teiles Ihrer Traumumwelt, der Ihnen am leichtesten fällt. Wenn Sie sich gut braune Stämme von Palmen vorstellen können, dann erschaffen Sie vor Ihren geistigen Augen den braunen, weichen Stamm einer Palme mit seiner faserigen Rinde, die vom Licht der Abendsonne an manchen Stellen in ein Kupferrot getaucht wird. Gleiten Sie mit Ihrem Blick am Stamm nach unten zum weißen Sand, betrachten seine schillernde Vielfalt im roten Licht der untergehenden Sonne. Genießen Sie die Situation und fühlen sich absolut wohl!

5.5 Hören in der Phantasiewelt

Ohne das Erleben klarer Sinneseindrücke würden Ihre Reisen ins Paradies das bleiben, was sie ursprünglich waren: intensive Gedanken, die auf einem Wunsch basieren. Ohne klare Eindrücke Ihrer Phantasiewelt-Sinne ähneln sie dem Leseerlebnis eines spannenden Buches - mit dem Unterschied, dass Sie sich Ihre Phantasien selbst ausdenken.

Nachdem Sie bereits Erfahrungen im Phantasie-welt-Sehen gewonnen haben und Ihre phantastischen Landschaften nicht mehr nur als graue Schatten wahrnehmen, können Sie daran gehen, auch Ihr Phantasiewelt-Gehör auszubilden. Die Schulung Ihres inneren Hörens baut auf der Übung des Phantasiewelt-Sehens auf. Beginnen Sie mit der Übung akustischer Vorstellungen erst, wenn Sie in Ihren Sehübungen sicher sind. <Sicher> heißt nicht, dass alle Ihre Phantasiewelt-Seheindrücke absolut klar und deutlich sein müssen. <Sicher> bedeutet vielmehr, dass Sie durch die nächsten Stufen Ihrer Übung nicht aus Ihrem Land der Phantasie herausgeworfen werden. Denn wenn Sie sich durch die zusätzliche Aufmerksamkeit, die Ihr inneres Hören erfordert, nicht mehr wie gewohnt auf Ihre Phantasiehandlung konzentrieren können und dadurch einschlafen oder Ihre Handlung nicht mehr auf dem vorgestellten Kurs des Handlungsplans halten können, ist es für die Erweckung Ihres Phantasiewelt-Gehörs noch zu früh.

Steigern Sie Ihr Phantasiewelt-Hörvermögen
Begeben Sie sich an Ihren Ort für Reisen in phantastische Welten. Lassen Sie Ihre Sorgen und Probleme vor der Tür. Überlegen Sie sich einen Handlungsplan oder gehen in Gedanken den bereits fertig gestellten Entwurf noch einmal durch. Das Thema Ihres Entwurfs könnte lauten: „Das Brandungsgeräusch an meinem Südseestrand". Legen Sie sich hin, entspannen Sie, beobachten Ihre Gedanken und stellen die Gedankenleere her. Beginnen Sie mit dem Aufbau

Ihrer Phantasiewelt. Stellen Sie sich Ihre Insel vor. Sie können ein Bild zur Hilfe nehmen. Gehen Sie in das Bild hinein und fühlen sich wohl. Seien Sie sich der Anwesenheit der dicken, braunen Stämme der Kokospalmen, des weißen, weichen Sandes unter Ihren Füßen und der Brandungszone des Strandes einige Meter vor Ihren Füßen unzweifelhaft sicher und bewusst. Bringen Sie Farbe in Ihre Vorstellungen. Nehmen Sie das Braun der Kokospalmen wahr und erfreuen sich am Weiß des Sandes, in dem sich Ihre Fußabdrücke als schattige Mulden abzeichnen. In der Brandungszone, wo die Wellen an der Insel lecken, ist der Sand salzig, feucht, dunkler und ständig in Bewegung ...

Betrachten Sie die Wellen, wie sie sich draußen weit vor der Insel aufbauen, mit einem Zischen und Rauschen näher kommen, um dann mit einem Donnern und Krachen gegen das Land zu rennen. Hören Sie dieses Zischen und Rauschen, Donnern und Krachen!

Untermalen Sie alle Ihre optischen Erlebnisse mit akustischen Erlebnissen. Blicken Sie nach oben in das grüne Dach der Palmblätter und hören das Rascheln und Knistern des tropischen Windes. Lassen Sie den Wind stärker werden und lauschen seinem Zischen und Surren, Pfeifen und Heulen. Drehen Sie sich in die Richtung des Windes und erblicken am Himmel die ersten Gewitterwolken. Hören Sie den fernen Donner, während sich die Sonne immer mehr hinter einer grauen Wand aus mächtigen Wolken versteckt, und der aufkommende Sturm Schwaden aus weißen Blütenblättern über den Strand treibt.

Wenn sich in Ihrer Phantasiewelt trotz aller Bemühungen keine Hörerlebnisse einstellen wollen, dann gestalten Sie Ihre Übungen so einfach wie möglich. Gerade die elementarsten Situationen bieten die beste Gelegenheit, um die Fähigkeit des Phantasiewelt-Hörens auszubilden: Lassen Sie in Ihrer Phantasiehandlung einen Löffel zu Boden fallen und hören seinen metallenen Klang. Nehmen Sie eine halbvolle Streichholzschachtel in Ihre Hand, schütteln sie und lauschen dem trockenen Rascheln. Schlagen Sie gegen einen Gong aus Messing.

Stellen Sie sich Musikinstrumente vor; eine Geige, eine Posaune, ein Schlagzeug, ein Xylophon; und lassen sie erklingen. Kombinieren Sie Töne zu einfachen Melodien. Begleiten Sie mit den Melodien das Auf und Ab der Wellen an Ihrem Traumstrand. Später können Sie ganze Handlungspassagen in Ihrer Phantasiewelt mit Melodien untermalen, so wie Sie das von Unterhaltungsfilmen her kennen.

Achten Sie auch in Ihrem Alltagsleben bewusst auf Geräusche und Töne. Die Welt der Klänge ist sehr reichhaltig. Ein fernes Donnern in einer schwülen Tropennacht, das Windgeräusch eines langsam heraufziehenden Gewitters, vermitteln ein ganz typisches Situationsgefühl, wie es ohne Höreindrücke gar nicht möglich wäre.

Drücken Sie in Ihrer inneren Welt Gefühle mit Tönen aus. Heitern Sie den Sonnenaufgang mit einem Orchester aus Vogelstimmen auf. Heben Sie Momente der Spannung durch eine größere Lautstärke und dumpfe Trommelschläge deutlich hervor. Helfen Sie sich bei Ihrer Erholung im weichen Sand der Insel des Glücks mit dem meditativen Klang des Windes und dem beruhigenden Rauschen der Brandung, begleiten Sie erotische Episoden mit einer sinnlichen Melodie.

Eine besondere Kategorie des Phantasiewelt-Hörens bildet die Vorstellung menschlicher Stimmen. Der wohlvertraute Klang, den das gesprochene Wort vermittelt, erweckt in uns den Eindruck der unmittelbaren Nähe zur vorgestellten Person. Und tatsächlich lassen sich Stimmen viel leichter vorstellen als die dazugehörenden Gesichter.

Wenn dennoch Schwierigkeiten bei der Vorstellung von Stimmen auftreten, liegt die Ursache oft auf psychischem Gebiet. Möglicherweise befürchten Sie, mit der Vorstellung der Stimme in den urprivaten Bereich der vorgestellten Person, in ihre Seele, einzudringen. (Ähnliche Probleme haben viele Menschen mit der Vorstellung von Gesichtern.) Meist beziehen sich solche Hemmungen nur auf die Vorstellung der Stimme einer ganz *bestimmten* Person. Sie lassen sich durch eine intensive Beschäftigung mit diesem Menschen restlos beheben.

Viele Tagträumerinnen und Tagträumer können sich zunächst gar keine Geräusche vorstellen. Bei schwach ausgebildeter akustischer Phantasie hat sich folgender Kunstgriff zur Stärkung der klanglichen

Einbildungskraft bewährt. Wir nennen sie „Die Ü-
bung der verlorenen Töne".

Die Übung der verlorenen Töne

Besorgen Sie sich ein Gerät zum Abspielen von Musik, das Sie bequem an Ihrem Ort für Reisen in Phantasiewelten benutzen können; einen kleinen CD-
Spieler, einen Walkman oder ähnliches. Wählen Sie
eine Reihe von Musikstücken aus, die Ihnen gefallen
und die Sie oft hören können, ohne dass sie Ihnen
langweilig werden. Hören Sie sich diese Musikstücke
mehrere Male intensiv an und machen sich mit den
einzelnen Passagen, den Refrains und den hervorste-
chenden Klangmerkmalen vertraut.

Dann legen Sie sich an Ihren Ort für Reisen in
Phantasiewelten, setzen den Kopfhörer auf und
schalten die Musik ein. Wählen Sie eine Lautstärke,
die so klein ist, dass Sie die Musik *gerade noch* hören können. Entspannen Sie und machen es sich bequem. Jetzt hören Sie gelöst zu und versuche alle
Passagen des Musikstücks *klar und deutlich* zu hören
– auch diejenigen, die Sie wegen der viel zu geringen
Lautstärke eigentlich kaum hören können.

Konzentrieren Sie sich bei dieser Übung nicht auf
Ihre körperlichen Ohren, sonst hören Sie neben der
Musik auch allerlei Störgeräusche, wie das Knistern
des Kopfkissens an Ihrem Kopf, Ihren eigenen Herz-
schlag oder Lärm von der Straße. Sie sollen die feh-
lende Lautstärke und Klangfülle ja auch nicht durch
ein schärferes Gehör oder eine höhere Aufmerksamkeit nach außen ausgleichen, sondern mit Ihrer akus-

tischen Vorstellungskraft. Nutzen Sie den leisen Schall aus Ihrem Kopfhörer nur als Gedächtnisstütze, als eine Art akustischen Spickzettel, für das ansonsten komplett in Ihrem Vorstellungsvermögen ablaufende Musikstück.

Die Übung der verlorenen Töne ist nur sinnvoll bei schlecht ausgebildetem akustischen Vorstellungsvermögen. Am einfachsten lassen sich klare Phantasiewelt-Hörerlebnisse im Rahmen anderer Sinnesvorstellungen üben: Stellen Sie sich einen klaren Bach vor und hören sein munteres Plätschern. Schauen Sie auf das Meer hinaus, stellen sich vor, wie ein alter Kutter in der Abendsonne vorbeituckert und hören das dumpfe Hämmern des Schiffsmotors. Legen Sie sich auf eine Phantasiewelt-Sommerwiese und lauschen dem Gesang der Grillen.

Eine erhabene Klangfülle, die sogar Hörerlebnisse aus Ihrer Alltagswelt in den Schatten stellt, entwickelt sich erst zusammen mit dem aktiven Phantasiewelt-Körpergefühl und dem ausgeprägten Klarsehen als selbstverständlicher Bestandteil Ihrer vorgestellten Situation.

5.6 Berühren Sie, was Sie zu berühren wünschen

Erfüllende Erlebnisse im Land der Phantasie beschränken sich natürlich nicht nur auf das Sehen und Hören. Wenn Sie mit Ihrem zärtlichen Traum-Partner im Arm über den weißen Sandstrand schlendern, werden Sie den Sand unter Ihren nackten Füßen spüren, die von der Sonne erwärmten Steine vom erfrischenden Meerwasser unterscheiden und sich mit streichelnden Händen immer wieder der Anwesenheit Ihres Traumpartners vergewissern wollen.

Ihren Phantasiewelt-Tastsinn bilden Sie im Rahmen Ihrer Reisen in die Welt der Phantasie aus.

Übung zum Aufbau des Phantasiewelt-Tastsinns

Begeben Sie sich an Ihren Ort für Reisen in phantastische Welten und schicken Ihre Sorgen nach draußen. Das Thema Ihrer nun folgenden Reise in das Land der Phantasie lautet: „Ich berühre, was ich zu berühren wünsche". Legen Sie sich bequem hin, entspannen Sie und fühlen sich so richtig wohl. Beobachten Sie Ihre Gedanken, und, wenn sich Ihr Gedankensturm gelegt hat, schlüpfen Sie in Ihr Traumbild.

Sie sitzen auf dem breiten, rauen Stamm einer vom Sturm geneigten, weit über das Wasser ragenden Palme. Sanft schaukelt sie im Wind. Im schattigen Bereich zu Ihren Füßen malen sanfte, salzige Wellen immer wieder neue Bilder in den Sand, während die milde Tropenluft einen betörenden Blütenduft mit sich führt.

Versuchen Sie diese Situation intensiv zu spüren. Blicken Sie hoch zum grünen Palmendach, das, vom Wind bewegt, ab und zu ein Stückchen Himmelblau freigibt. Lauschen Sie den Wellen. Wenn Sie die Anwesenheit anderer Menschen mögen, dann vernehmen Sie die Stimmen der Urlaubsgäste von der Veranda des Tropenhotels. Lauschen Sie den Badegeräuschen am Schwimmbecken.

In dieser Gesamtsituation eines erfüllten Urlaubstages mit seinen klaren Seh- und Hörvorstellungen können Sie nun Ihr phantasieweltliches Tast-, Berührungs-, Druck- und Temperaturempfinden schulen. Richten Sie Ihre Aufmerksamkeit auf den trockenen Muschelsand unter Ihren nackten Füßen. Spüren Sie, wie weich er sich anfühlt, zwischen Ihren Zehen reibt und sich leicht abschütteln lässt! Gehen Sie einige Schritte in Richtung Strand. Fühlen Sie die Kühle des nassen Sandes unter Ihren Füßen! Bücken Sie sich und berühren den Sand mit Ihren Händen. Dann lassen Sie Ihre Hände von der gerade herannahenden Welle benetzen ...

Phantasiewelt-Tastempfindungen können sehr viel Freude bereiten. Setzen Sie sich mit Ihrem Traumpartner in den Schatten zwischen die blühenden Hibiskusbüsche und schenken ihm Ihre ganze Zärtlichkeit. Lassen Sie sich berühren. Wie fühlt es sich an? Stillen Sie Ihren Hunger nach Zärtlichkeit! Erfüllen

Sie sich all Ihr Verlangen, das so lange auf sein Wahrwerden warten musste.

Berührungs- und Tastempfindungen bilden im Rahmen Ihrer Reisen ins Paradies eine hervorragende Bühne für Probehandeln. Testen Sie auf Ihrer Insel des Glücks, wie sich Ihr begehrter Partner in Ihren Armen anfühlen *könnte*, bevor Sie sich ihm oder ihr in Ihrem Alltagsleben hingeben. Versuchen Sie mögliche Schwachstellen Ihres Handelns bereits auf der Ebene Ihrer Phantasiewelt auszuloten. In diesem Sinne eignen sich Reisen in Ihr inneres Paradies auch als Hilfe für alle Arten von Entscheidungen im Alltag. Natürlich können Sie in Tagträumen nicht in die Zukunft sehen. Aber wenn Sie einen Beruf wählen, eine neue Arbeitsstelle suchen, Ihre Wohnung wechseln oder Ihren Freundeskreis erweitern, haben Sie die Möglichkeit, in Tagträumen durchzuspielen, wie sich die neue Situation anfühlen *könnte*. Im Unterschied zu bloßem Nachdenken erfahren Sie Ihre Zukunftsmöglichkeiten nicht in Form von Gedanken, sondern in Form realistischer, lebensnaher Erlebnisse.

Wie Sie Ihre Phantasien zum alltagspraktischen Nutzen anwenden, erfahren Sie in dem Buch <*Wenn die Seele Urlaub macht*>.

Die Entfaltung des Tagtraum-Berührungseindrucks, des Tastgefühls sowie der Temperaturempfindung können Sie auch *außerhalb* Ihrer Phantasiewelt üben.

Übung zum Aufbau des Phantasiewelt-Temperaturempfindens

Begeben Sie sich an Ihren Ort für Reisen in Phantasiewelten, lassen Ihre Sorgen vor der Tür, legen sich hin und entspannen sich. Nun stellen Sie sich vor, dass Sie Ihre Phantasiewelt-Arme unabhängig von Ihren Alltagsarmen bewegen können. Heben Sie sie hoch, drehen sie, bewegen sie hin und her. Das sollte Ihnen nicht schwer fallen, denn es ist dieselbe Übung wie zu Beginn des Trainings für Ihr Phantasiewelt-Körpergefühl (S. 72). Sobald Sie sich der freien Beweglichkeit Ihrer Phantasiewelt-Arme sicher sind, stellen Sie sich einen Gegenstand oder eine Oberfläche vor, die Sie betasten können.

Stellen Sie sich die Oberfläche von Möbeln vor, den flauschigen Teppich zu Ihren Füßen, die raue Rinde eines Baumes, die weiche Haut eines lieben Menschen. Erzeugen Sie auch Wärme- und Kälteempfindungen. Stellen Sie sich einen kleinen Waldbach vor, der munter zwischen Moos und Farnen dahinplätschert und tauchen Ihre Hände hinein. Berühren Sie die warme Heizung, die von der Sonne erwärmte Oberfläche eines Steines, einen Eiszapfen.

Wie mit Ihren Phantasiewelt-Armen, verfahren Sie mit Ihrem ganzen Phantasiewelt-Körper. Steigen Sie in Ihrer Phantasie in eine warme Badewanne und fühlen die rundherum wohlige Wärme. Tauchen Sie ein in die dunstig-schwüle Atmosphäre eines Dampfbades. Stellen Sie sich für eine Minute in einen tosenden Wasserfall.

5.7 Kombinieren Sie Ihre Phantasiewelt-Sinneserlebnisse zu einer vollständigen Erlebenswelt

Die Vorstellung einzelner Sinneswahrnehmungen, also einzelne Seh-, Hör-, Tast-, Wärme- und Kälteempfindungen, eignen sich gut als Vorbereitung auf Ihre eigentlichen Phantasiewelt-Ausflüge. Grundsätzlich jedoch sollten Sie möglichst viele Übungen ins Land der Phantasie verlagern. Hier stellen sich die meisten Empfindungen im Gefolge des Körpergefühls sowie von Seh- und Hörerlebnissen von selbst ein. Wenn Sie barfüßig über den warmen, weißen, weichen Sand schlendern und die absolute Gegenwart Ihrer Trauminsel fühlen, dann spüren Sie mit Ihrer eigenen Anwesenheit auch die Gegenwart der anderen Dinge, die diese Welt erfüllen. Wenn Sie Ihre Füße auf dem Sand spüren, dann spüren Sie *natürlich* auch den Sand. Wenn Sie sich mit dem Rücken gegen den Stamm der hohen Palme lehnen, dann spüren Sie nicht nur Ihren Rücken, sondern natürlich auch den rauen, faserigen Stamm. Und wenn Sie draußen vom Holzsteg in die erfrischenden Wellen springen, dann haben Sie neben Ihrem Körpergefühl natürlich auch den wohltuenden Sinneseindruck erfrischend klaren, salzigen Wassers. Ihre Empfindungen im Land der Phantasie sind in vielfältiger Weise miteinander verwoben. In ihrer Gesamtheit steigern sie sich gegenseitig zu vollständigen Phantasiewelten. Das heißt, klare Seheindrücke fördern deutliche Hör- und Tastempfindungen. Aber auch das deutliche Wahrnehmen von Tönen oder Geräuschen begünstigt die Vorstellung der Quelle des Geräusches als Seh- oder Tasteindruck.

Eine riskante Weise, um als Anfänger rasch intensive Phantasien zu erleben, ist die Annäherung des Bewusstseinszustandes der Tagträume an den Bewusstseinszustand des Schlaftraums. Meist spüren Sie es ganz deutlich, wenn Sie Gefahr laufen, bei Ihren Phantasieweltreisen einzuschlafen: Ihre Fähigkeit dem Handlungsverlauf zu folgen nimmt ab, es treten immer mehr ungeplante Elemente in Ihrem Phantasieerleben auf, Sie können sich nicht einmal mehr richtig an Ihren Handlungsplan erinnern. Ihre Motivation mit dem Plan fort zu fahren sinkt rapide - aber die Klarheit und Brillanz Ihrer Phantasieerlebnisse nimmt enorm zu. Sie erkaufen sich den Vorteil klarer, plastischer Phantasieerlebnisse mit dem Nachteil des Kontrollverlustes über den Ablauf Ihres Phantasiegeschehens. Als ungeübter Reisender in Phantasiewelten verlieren Sie meist gerade im Augenblick der größten Brillanz die Kontrolle über Ihre Tagtraumbilder und schlafen ein. Vermeiden Sie auf alle Fälle, während Ihrer Übungen einzuschlafen! Sie würden sich daran gewöhnen und Ihr Ausflug in das Land der Phantasie würde zu einer Einschlafübung verkümmern.

Arbeiten Sie lieber an der Klarheit Ihrer Phantasiewelt-Sinne, ohne dabei in die Nähe des Schlafes zu geraten. Verbinden Sie Ihre Phantasiewelt-Sinne zu einer einheitlichen inneren Erlebenswelt. Erfahren

Sie das Land Ihrer Phantasie als selbstverständliches Ganzes, dessen Grundlage Ihr Handlungsplan ist:

Sie stehen mit nackten Füßen im Brandungsbereich Ihrer Insel des Glücks. Vom Meer bläst der Wind salzige Seeluft durch Ihr Haar. Eine wichtige Etappe wäre geschafft. Es riecht nach Urlaub. Drüben am Hotel schürt José gerade den Grill an. Sie schlendern auf dem frisch gekehrten Sandweg hinüber zum Pool, nehmen sich eines der bereitstehenden Cocktailgläser und mischen sich unter die fröhlichen Hotelgäste ...

6 Wenn Probleme auftreten

Reisen in die Welt der Phantasie bergen keine Gefahren für Ihr Alltagsleben. Zwar kann es auch während Ihrer Exkursionen in die Tagtraumwelt zu unvorhersehbaren Schwierigkeiten und Problemen kommen. Doch die drehen sich meist um die Handlung Ihrer Phantasieerlebnisse. Oft wirkt die erlebte Tagtraumhandlung auf den Körper und die Seele des Tagträumers wie ein spannendes Buch oder ein mitreißender Kinofilm. Je nach dem Thema der Phantasiehandlung kommt es zu beruhigenden oder erregenden Wirkungen.

Im folgenden finden Sie eine Aufstellung von problematischen Situationen, auf die Sie sich vor Ihren Ausflügen in die Welt der Phantasie vorbereiten sollten.

6.1 Mangelnde Entkoppelung der Phantasiewelt von der Welt des Alltags

Stellen Sie sich vor, Sie befinden sich im Land der Phantasie auf Ihrer Insel des Glücks. Nur mit leichten Badesachen bekleidet stehen Sie am Strand im strahlenden Schein der Morgensonne. Die angenehm milde Seeluft streichelt Ihre Haut. Sie wollen sich das bunte Leben des Korallenriffs aus nächster Nähe ansehen. Mit angelegter Schnorchelbrille und dem Mundstück zwischen Ihren Lippen begeben Sie sich in das klare, salzige, milde Nass des Meeres. Sie schwimmen auf dem Bauch und betrachten den Meeresboden, auf dem die Strahlen der Tropensonne flimmernde Formen malen. Da, etwa drei Meter unter Ihnen! Funkelt da nicht eine goldene Münze im weißen Sand? Und gleich daneben, halb im Sand verborgen, ist das etwa eine Kette aus bunten, blitzenden Edelsteinen?

Sie entschließen sich, hinabzutauchen, und - plötzlich finden Sie sich wieder in Ihrem Alltagskörper und ringen nach Luft. Ihnen wird klar, dass Sie bereits seit geraumer Zeit mit Ihrem Alltagskörper nicht mehr richtig geatmet haben. Während der Zeit Ihres Schnorchelns haben Sie in Ihrem Phantasiekörper nur verhalten geatmet und beim Abtauchen die Luft ganz angehalten. Jedoch nicht nur in Ihrem Phantasiekörper, sondern auch in Ihrem Alltagskörper stand Ihre Atmung still, was schließlich zu Ihrem <Hinauswurf> aus der Welt der Phantasie geführt hat.

Die mangelhafte Entkoppelung der Bewegungen des Phantasiekörpers von den Bewegungen Ihres scheinbar schlafend daliegenden Alltagskörpers stellt kein gefährliches, aber ein lästiges Problem dar. Wenn Sie Ihren Phantasiewelt-Arm bewegen, darf sich der Arm Ihres Alltagskörpers nicht bewegen, wenn Sie in Ihrem Phantasiewelt-Körper den Atem anhalten, darf der Atem Ihres Alltagskörpers nicht still stehen.

Ich habe die Übertragung von Bewegungen des Phantasiewelt-Körpers auf den Alltagskörper an anderer Stelle bereits als <Traumwarmlaufen> beschrieben. Selbst bei geübten Tagträumern lässt sich eine Erhöhung der Temperatur derjenigen Alltagskörper-Extremität messen, mit der im Phantasiewelt-Körper eine Tätigkeit verrichtet wird. Bei manchen Tagträumern steigt beispielsweise die Temperatur in den Füßen und Beinen, wenn sie im Tagtraumparadies laufen. Auch der Blutdruck und die Pulsfrequenz können sich erhöhen.

Das Problem der mangelnden Entkopplung des Phantasiewelt-Körpers vom Alltagskörper ist hinreichend bekannt. Reisende ins Land der Phantasie berichten hin und wieder von Bewegungen ihres Alltagskörpers während der Phantasien. Ich halte die Gefahr, sich bei unkontrollierten Bewegungen des Alltagskörpers ernsthaft zu verletzten, für sehr klein. Mir ist noch nie ein derartiger Fall zu Ohren gekommen!

Falls bei Ihnen Probleme auftreten, die auf eine mangelnde Entkopplung Ihres Phantasiewelt-Körpers von Ihrem Alltagskörper zurückzuführen sind, sollten Sie bei der Entwicklung Ihrer Phantasiewelt-Fähigkeiten nicht zu rasch voranschreiten. Nehmen Sie sich Zeit, und gewöhnen sich langsam an Ihre Erfahrungen im Phantasieland.

Bei der Entkopplung meines Phantasiewelt-Körpers vom Alltagskörper hilft mir die Rotationsübung. Bei der Rotationsübung stelle ich mir vor, dass ich mich in meinem Alltagskörper entlang seiner Längsachse drehen kann. Zunächst drehe ich mich nur wenige Millimeter nach rechts und nach links. Dann weite ich die Bewegung aus, bis ich eine komplette Drehung in meinem Alltagskörper vollführen kann. Schließlich rotiere ich mit gleichmäßiger Geschwindigkeit von etwa einer Umdrehung pro Sekunde.

Während der Drehung versuche ich meine Lage zu meinem Körper und der Außenwelt zu vergessen. Ich beseitige das Gefühl der räumlichen Zuordnung zu meinem Alltagskörper und zu den Gegenständen an meinem Ort für Reisen in phantastische Welten. Schließlich kommt mir jegliches Körpergefühl abhanden. Zugleich lösche ich meine Gedanken an die Alltagswelt, so dass ich nicht mehr weiß, wo ich bin, was ich bin, wer ich bin. Nur das Thema meiner Reise in das Reich der Phantasie behalte ich in komprimierter Form, als leicht zu erinnerndes Mantra, im Hintergrund meines Denkens. Aus diesem Zustand der Leere trete ich dann in meine Phantasiewelt, baue meine Umgebung auf, erschaffe meinen Körper und beginne mit meiner Phantasiehandlung.

6.2 Gesundheitliche Probleme sind kein Hinderungsgrund für Reisen in Phantasiewelten

Der Anstieg der Pulsfrequenz bei schwierigen oder emotional belastenden Phantasie-Situationen sollte für Personen mit vorgeschädigtem Herzen Grund genug sein, in der ersten Zeit ihrer Reisen ins Land der Phantasie auf allzu spannende Erlebnisse zu verzichten. Aufwühlend sind beispielsweise Situationen der Angst aufgrund von Tagtraum-Kontakten mit Verstorbenen, dem Erscheinen schauriger Wesen oder dem Auftreten für gefährlich gehaltener Situationen. Aber auch Zustände extremer Glückseligkeit und alle Erlebnisse sexueller Art können sich als zu aufwühlend für einen herz- und kreislaufkranken Menschen bei Reisen in phantastische Welten erweisen.

Falls Sie unter einer Herz- und Kreislauferkrankung leiden, achten Sie auf eine möglichst vollständige Entkoppelung Ihres Phantasiewelt-Körpers vom Alltagskörper. Lassen Sie sich Zeit für Ihre Übungen. Überhasten Sie nichts. Gerade bei einem kranken Alltagskörper wird Ihnen die Kunst des Reisens ins Phantasieland wundervolle Erfahrungen ermöglichen, die Ihnen im Alltag für immer verschlossen geblieben wären. Gehen Sie auf Abenteuerurlaub. Aber lassen Sie es langsam angehen. Entdecken Sie tief im Urwald geheimnisvolle Höhlen und baden im klaren Wasser eines verzauberten Sees.

Auch seelisch unausgeglichene Personen sollten mit emotional belastenden Phantasiewelt-Erlebnissen behutsam umgehen. Bereits ein undurchsichtiger Situationsverlauf wirkt negativ auf Ihre Vorstellungswelt, weil sich auftretende Ängste umgehend als Teile der Situation manifestieren können. Sobald Sie Angst davor haben, dass die bunten Blüten am Strauch neben dem Pool bei Ihnen einen Heuschnupfenanfall auslösen könnten, wird die Nase Ihres Phantasiewelt-Körpers zu laufen beginnen - und, wenn Sie Ihre Welten nicht hinreichend entkoppelt haben, auch die Nase Ihres Alltagskörpers.

Zur Vermeidung körperlicher und seelischer Probleme als Folge von Phantasieerlebnissen bieten sich zwei Taktiken an:

- Ignorieren Sie die Probleme. Versuchen Sie sie bereits im Keim zu ersticken. Lassen Sie sie nicht an der Handlung Ihrer Phantasie teilhaben.
- Wenn sich Probleme nicht ins Vergessen abdrängen lassen, gehen Sie dagegen vor: Stellen Sie sich vor, dass Sie bereits von Ihrem Heuschnupfen geheilt worden sind. Greifen Sie in Ihre Hosentasche und finden ein Medikament, das Sie für die Zeit Ihrer Phantasie von Ihrem Leiden befreit. Erschaffen Sie sich einen allmächtigen Freund, der Sie beschützt. Denken Sie sich ein Ritual aus, das Sie unverwundbar macht.

6.3 Ängste

Ängste zu Beginn der Reisen in Phantasiewelten sind sehr selten. Schließlich reisen Sie ja in das Land Ihrer Tagträume, um Abenteuer zu erleben, die zärtliche Umarmung eines begehrten Partners zu genießen oder sich in herrlicher Natur zu erholen. Manchmal jedoch können sich aufgrund unangenehmer Erinnerungen an frühere, misslungene Tagtraumreisen Ängste aufbauen, die Sie an einem erneuten Eintauchen in Ihre innere Welt hindern.

Erinnern Sie sich noch an das Beispiel auf Seite 44, als aus der wunderschönen Landschaft Ihrer Südseeinsel ein Alptraum im zahnärztlichen Behandlungsstuhl wurde? Wenn Sie derartige Situationen nicht in den Griff bekommen, werden Sie von Phantasie zu Phantasie unangenehmere Erfahrungen machen, bis Sie schließlich Ihre Reisen ins Tagtraumland aufgeben. Lassen Sie es nicht soweit kommen! Alle unangenehmen Elemente in Ihrer Phantasiewelt können durch eine strikte Gedankenkontrolle gelöscht oder verdrängt werden. Pflegen Sie Ihre Übung zur Gedankenkontrolle!

Starke Gefühlsschwankungen und die damit verbundenen thematischen Turbulenzen treten bei Inhalten auf, die Sie sehr berühren. So ist beispielsweise ein Tagtraum mit dem Thema „Zu Besuch bei meinem vor kurzem verstorbenen Freund" nur sehr erfahrenen Phantasiewelt-Reisenden zu empfehlen.

Sie sollten bei allen Themen, die naturgemäß mit starken Emotionen einhergehen, vorsichtig sein. Gefühle der Trauer, seelischer Schmerz, sexuelle Erfahrungen oder Erlebnisse tiefer Freude nehmen einen großen Teil Ihrer Aufmerksamkeit in Anspruch. Sind Sie darauf nicht vorbereitet, dann fehlt Ihnen möglicherweise gerade die Konzentrationskraft, die Sie gebraucht hätten, um Ihrem Plan zu folgen und um negative Entwicklungen zu unterdrücken. Als Folge werden Sie die Kontrolle über den Handlungsablauf verlieren. Im schlimmsten Fall endet Ihr Tagtraum mit dem Einschlafen. Ihr Körper lernt sehr schnell. Sobald Sie mehrere Male bei Reisen in die Vorstellungswelt eingeschlafen sind, übernehmen die Reisen in Ihr persönliches Land der Phantasie die Rolle einer Einschlafübung. Es würde Ihnen von Tagtraum zu Tagtraum schwerer fallen, wach zu bleiben.

Je leichter es Ihnen fällt, Ihre Phantasien auch während schwieriger Erlebnissen auf Kurs zu halten, desto mehr können Sie sich an gefühlsintensive Themen wagen. Wenn Sie jedoch noch keine große Erfahrung im Phantasiewelt-Reisen haben (und mit großer Erfahrung meine ich jahrelange Erfahrung), dann gestalten Sie Ihre Phantasien nicht zu aufregend.

Was machen Sie, wenn Sie sich plötzlich nicht mehr an Ihren Entwurf für die geplante Handlung in der Phantasiewelt erinnern können? Was tun Sie, wenn sich unerwartete Hindernisse auf Ihrem Tagtraumweg auftürmen? Oder wenn Ihre Phantasiehandlung in einen Alptraum abzugleiten droht und Ihnen einfach keine Gegenstrategie einfällt? Wie verhalten Sie sich, wenn Minderwertigkeitsgefühle Sie am Erleben von Glück und Freunde hindern? Und was machen Sie, wenn Sie plötzlich gar keine Gefühlen mehr empfinden können und mit den ehemals faszinierenden Landschaften Ihrer Phantasiewelt nur noch Langeweile verbinden?

Die Mittel gegen Angst bei Phantasiewelt-Erlebnissen reichen von einer Flucht bis zum Angriff, von absichtlichem Vergessen bis zum Einbau der Angst erregenden Szene in den Handlungsplan:

1   Ein sehr radikaler Umgang mit Ihrer Angst besteht im Beenden der Phantasie. Wenn in Ihren Vorstellungen unangenehme Situationen auftauchen und Sie machtlos sind, weil sich die Sachlage weder ändern noch auflösen lässt, kehren Sie in Ihre Alltagswelt zurück. Überlegen Sie sich, warum sich Ihre Phantasiehandlung so negativ entwickelt hat und ändern Ihren Entwurf. Entwerfen Sie Phantasien, in denen es zu einer Schwächung der Angst erregenden Elemente kommt.

2   Greifen Sie die Angst erregenden Vorstellungen an. Seien Sie aggressiv. Schlagen Sie auf sie ein, erschießen und zerstören Sie sie.

3   Fliehen Sie vor Angst erregenden Elementen Ihrer Phantasien. Eine Flucht vermindert zunächst Ihre Angst. Sie kann akute Probleme entschärfen und verschafft Ihnen eine Atempause. Auf längere Sicht stärkt jedoch eine Flucht das Angst erregende Element. Jede

Flucht kann nur eine kurzfristige Lösung Ihres Angstproblems sein.

4 Ignorieren Sie Ihre Angst. Das Ignorieren von Angst auslösenden Aspekten Ihrer Phantasie bringt meist die Angst nicht sofort zum Verschwinden. Wenn Sie allerdings lernen, dass Ihnen dadurch keine Nachteile (z.B. ein schlechtes Gewissen) entstehen, kann sich die der Angst zugrunde liegende Kraft für immer verflüchtigen. Es gibt allerdings auch Ängste, die durch ein Ignorieren eher stärker werden. Das ist bei sehr tief sitzenden Ängsten der Fall. In Ihren Phantasien treten sie als ungeplante, unbequeme und hässliche Handlungselemente auf. Eine typische Erscheinungsform ist die Angst vor bestimmten Krankheiten (kann sich in der Vorstellungswelt als Arzt manifestieren, der unaufgefordert die Diagnose <Krebs> stellt), die Angst vor Krieg (in der Phantasiewelt erscheinen Soldaten, überall sind Leichen, Minen usw.) oder vor Unglücken aller Art (Flugzeugabstürze, Eisenbahnunglücke). In solchen Fällen hilft kein Ignorieren. Besser ist es, sich der Angst zu stellen (Siehe Punkt 6).

5 Nähern Sie sich Ihrer Angst. Es gibt Angst auslösende Themen, die nur aus der Ferne Furcht und Schrecken verbreiten. Aus der Nähe besehen lösen sie sich in eine Reihe unbedeutender Einzelteile auf, wie eine Wolkenformation, die aus der Ferne wie ein zorniger Riese aussieht und doch aus nichts wei-

ter als Nebel besteht. Für die Auflösung von Phantasiegestalten des Schreckens, beispielsweise des pockennarbigen Gefängniswärters, der Sie einsperren will oder des grimmig dreinschauenden Massenmörders, der Sie mit einem Messer bedroht, hat sich ein besonderer Kunstgriff bewährt: Fliehen Sie nicht, sondern gehen auf die Schreckgestalt zu und nehmen sie in Ihre Arme. In den allermeisten Fällen löst sie sich umgehend auf. Manchmal verwandelt sie sich in eine äußerst attraktive, zärtliche Person, die Sie von nun an mit ihrer Liebe überhäuft.

6 Geben Sie sich Ihrer Angst hin, bis sie langweilig wird. Dieses Verfahren setzt ein gewisses Maß an Leidensfähigkeit voraus, führt aber meist zur restlosen Beseitigung irrationaler Ängste. Lassen Sie in Angst auslösenden Situationen (beispielsweise beim Zahnarzt, bei einer Prüfung oder einer Verkehrskontrolle) einfach alles mit sich geschehen. Erstellen sich hierzu einen absolut flexiblen Handlungsplan. Seien Sie sich jederzeit klar, dass Ihnen nicht wirklich etwas geschehen kann. Lassen Sie den Zahnarzt ruhig in Ihren Zähnen bohren. Lassen Sie sich eine Injektion geben. Lassen Sie sich ohne Betäubung Zähne ziehen. Durchlaufen Sie die Angst bereitende Situation immer und immer wieder. Mit der Zeit wird sie Ihnen langweilig. Sie haben keine Angst mehr vor ihr, weil Sie nun aus eigener Erfahrung wissen, dass Ihnen nichts geschehen *kann*. Sobald Ihnen die Angst öde und sinnlos erscheint, haben Sie sie besiegt.

7 Schaffen Sie sich in Ihrer Phantasiewelt Freunde, die Sie beschützen. Zur Überwindung von Ängsten vor unbekannten Situationen hat sich der Einsatz von Traumbeschützern bewährt. Entwerfen Sie die Merkmale Ihres Beschützers bereits im Handlungsplan: Wer soll Sie beschützen, wie soll er oder sie aussehen, mit welchen Kräften soll Ihr Beschützer ausgestattet sein, wie ist sein oder ihr Name. Nun brauchen Sie dem strengen Mathematiklehrer aus Ihrer Schulzeit nicht mehr alleine gegenüberzutreten. Zur Not können Sie Ihrem Beschützer Ihr Aussehen verleihen und ihn in Angst erregende Situationen als Ihr persönliches Double schicken.

Die beschriebenen Strategien sollen Ihnen nur grobe Anhaltspunkte für *mögliche* Reaktionen auf Angst erregende Situationen geben. Seien Sie sich immer im Klaren darüber, dass Sie in Ihrer inneren Welt mit sich selbst konfrontiert werden. Alle Ängste die Sie haben sind Anteile *Ihres* eigenen Selbst.

Angst hat nicht nur negative Aspekte. Angst kann auch nützlich sein. Angst zwingt Sie zu einer Beschäftigung mit dem fraglichen, weil Angst erregenden, Thema. Sie macht lebenswach und schärft die Sinne. Angst in der Welt Ihrer Phantasie hilft Ihnen, die entsprechenden Situationen in Ihrem Alltagsleben besser zu bestehen.

6.4 Die Auswirkung versteckten Wissens

Stellen Sie sich vor, Sie erleben gerade einen bezaubernden Tagtraum: Sie sitzen in einem Korbstuhl am Strand neben einem blühenden Busch im Schatten tropischer Bäume. Vor Ihnen lecken die klaren Wellen am flachen, weißen Sandstrand. Sie freuen sich auf ein erfrischendes Bad. Beschwingt stehen Sie auf, um Ihre Füße in das salzige Nass zu tauchen. Beim Aufstehen von Ihrem Korbstuhl stolpern Sie. „Macht nichts" denken Sie sich, richten sich wieder auf – und stolpern abermals. Erneut stehen Sie auf. Diesmal wollen Sie ganz bewusst die Schritte zum Strand gehen. Doch was ist das? Ihr rechter Fuß klebt am Korbstuhl fest. Jemand hat einen riesigen Kaugummi hinterlassen, und Sie sind daran haften geblieben. Die nächsten zwanzig Minuten sind erfüllt von dem Versuch, sich vom Kaugummi zu befreien. Immer wieder kleben Sie mit einem anderen Körperteil am Korbstuhl fest. An das Bad in den Wellen ist nicht mehr zu denken.

Die Ursachen für das Klebenbleiben können vielfältig sein. Möglicherweise ist es eine unterdrückte Furcht vor dem Bad im Meer, vielleicht auch der Versuch, sich selbst für früheres Verhalten zu bestrafen. Unter Umständen wurde im Handlungsplan das Bad in den Wellen zu früh angesetzt und passt nicht in die übrige Handlungslinie, weil Sie jetzt eigentlich noch gar keine Badephantasie erleben, sondern viel lieber die herrliche Südseestimmung um Sie herum genießen wollen. Ganz gleich, wie sich die jeweilige Situation erklären lässt, immer ist das dahinter stehende Motiv versteckt, getarnt. Falls Sie es mit derartigen Störungen Ihres Phantasiewelt-Traumflusses zu tun bekommen, sollten Sie zunächst Ihren Tagtraum abbrechen und in Ihr Alltagsleben zurückkehren. Hier können Sie in aller Ruhe über Ihr Phantasieerlebnis nachdenken und mit einem neuen Handlungsplan auf Ihre Insel des Glücks zurückkehren.

Eine schier unverwüstliche Gattung tief im Unterbewusstsein eingeprägter Wissenselemente sind alle Formen von Leitsätzen. Wenn Sie sich zehnmal am Tag gesagt haben: „Ich muss immer meine Hausaufgaben erledigen" dann ist dieser Satz mit dem Ende Ihrer Schulzeit noch lange nicht gelöscht. Und was Sie vergessen glaubten, erscheint plötzlich putzmunter in Ihrer Phantasiehandlung, beispielsweise in Form eines schlechten Gewissens, weil Sie Ihre Zeit mit <im Sand sitzen> verbummeln, anstatt für die Schule zu lernen.

Ähnlich wie autosuggestive Formeln wirken Gebete, auswendig gelernte Schlagertexte, zu Routinen erstarrte Grußformeln (z.B. Hals- und Beinbruch) und Werbetexte.

Auf eine ganz besondere Kategorie versteckter Wissenselemente möchte ich Sie abschließend noch hinweisen. Wenn Sie sich einmal einer Hypnose unterzogen haben, kann die in der hypnotischen Formel versteckte Botschaft in Ihrer Phantasiehandlung wieder aktiv werden. Sie erleben sie in Ihrem phantasierten Situationsablauf als entwurfsfremdes Element, dessen Auftreten Ihnen zunächst unerklärbar erscheint. Sie treffen auf Widerstände, deren Ursachen Sie weder klären noch ohne weiteres beseitigen können.

Falls Sie sich bereits einmal einer Hypnose unterzogen haben, machen Sie sich möglichst viele Umstände der damaligen Situation bewusst. Versuchen Sie sich an das Gesicht des Hypnotiseurs und an die Gesichter aller anderen während der Hypnose anwesenden Personen zu erinnern. Falls Ihnen diese Personen in Ihren Phantasien begegnen, sind Sie auf ihr Erscheinen und Handeln vorbereitet. Versuchen Sie auf alle Fälle den genauen Wortlaut der damaligen hypnotischen Suggestionsformel herauszubekommen. Möglicherweise lassen sich daraus Formulierungen ableiten, mit denen Sie die Wirkung der Hypnose neutralisieren können. Wenden Sie sich an den Hypnotiseur und spreche mit ihm über die Gründe für die Hypnose.

6.5 Gefangen in typischen Situationen

Sie haben sich zwar für Ihre Phantasiewelt-Reise einen Handlungsplan entworfen, dem Sie während Ihres Aufenthalts im Land der Phantasie folgen wollen. Dennoch werden Sie während der Exkursionen in Ihr inneres Paradies immer wieder Verlaufsformen erleben, die Sie aus Ihrem Alltagsleben als typische Situationen kennen. Typische Verlaufsformen von Situationen beruhen auf gelernten oder anerzogenen Erwartungen. „Ich habe kein Glück mit ...." oder „Immer wenn ich .... dann passiert mir ..." sind solche typischen Verlaufsformen. In Ihrer Phantasiewelt erleben Sie sie als automatische Handlungsabläufe.

Eine Sonderform typischer Situationen sind Ihre täglichen Routinen. Gerade Routinen schleichen sich wie selbstverständlich in Ihre geplanten Phantasiehandlungen ein. „Nach dem Essen Zähne putzen" ist beispielsweise eine Routine, die in Ihrem Alltagsleben ihren gesicherten Sinn hat, im Land der Phantasie aber wertvolle Zeit kostet.

Andere Routinen führen zu einer Reihe von Stolpersteinen in Ihrer Phantasiewelt, indem sie Sie auf Ablaufstrukturen von Situationen festlegen, Ihre Handlungsabläufe mit einer Reihe unnötiger Prozeduren überziehen oder die Zugänge für manche Situationen komplett blockieren.

In Ihrem persönlichen Land der Phantasie ist es beispielsweise nicht nötig, dass Sie erst stundenlang einen Berg hochgehen, bevor Sie die herrliche Aussicht über die Bucht genießen können. Sie fliegen einfach hoch, erleben Ihren Aufstieg in Ausschnitten oder beginnen mit der Ablauf Ihrer Phantasie gleich oben. Ähnlich wie in einem Kinofilm oder in einem Videospiel sollten Sie auch bei Ihrer Reise in Ihr Paradies die unwichtigen Episoden höchstens im Vorspann oder zwischendurch in einer Art Zusammenfassung erleben. Beispiel: „Nachdem ich mich stundenlang durch das dichte Grün des Urwaldes mit seinem morastigen Boden, seinen Tierstimmen und Moskitos geschleppt habe, stehe ich nun erschöpft und verschwitzt an einem kristallklaren See ..." Erst jetzt beginnt Ihre eigentliche Phantasiehandlung. Konzentrieren Sie sich immer auf die wirklich wichtigen und interessanten Episoden!

Auch Abweichungen vom Phantasie-Handlungs-entwurf entpuppen sich oft als exakte Kopien typischer Situationen Ihres Alltagslebens. Oder sie zeigen sich in unerwarteten Reaktionen Ihrer Tagtraumpartner. Manchmal führen sie auch zu dem plötzlichen Versagen Ihrer im Vorspann festgelegten Annahmen bezüglich Ihrer Phantasiewelt, etwa wenn Sie sich in Situationen begeben, die normalerweise mit einem Tabu belegt sind.

6.6 Strategien gegen Störungen Ihrer geplanten Phantasiehandlung

Was machen Sie also, wenn Sie in einer Phantasiehandlung nicht weiterkommen und wiederholt an derselben Stelle scheitern? Da Ihnen in Ihrer Phantasiewelt nichts zustoßen *kann,* wäre der Verzicht auf den Tagtraum die falsche Lösung. Jeder Rückzug schwächt Sie. Wenn Sie anfangen, vor einem Hindernis zu kapitulieren, werden Sie immer öfter mit dieser Art von Hindernis in den unterschiedlichen Situationen konfrontiert werden. Sie sind Herr oder Herrin über Ihre Phantasiewelt. Ohne Sie gibt es weder Ihre Phantasien noch die in diesen Phantasien vorkommenden Situationen und Wesen. Lassen Sie sich nicht durch ungerechtfertigte Befürchtungen von den geplanten Zielen Ihrer Phantasiehandlungen abbringen. Probieren Sie die im folgenden aufgeführten Tipps aus. Sie haben sich bereits bei einer Vielzahl von Tagträumerinnen und Tagträumern bewährt.

Wenden Sie zunächst die Regeln der Alltagswelt an.
Wenn in Ihrer Phantasiewelt ein Hindernis auftaucht, dann sollten Sie zunächst versuchen, es mit den Spielregeln der Alltagswelt zu überwinden. Wenn Sie beispielsweise plötzlich vor einer verschlossenen Tür stehen, dann versuchen Sie zunächst, sie zu öffnen, indem Sie den Türgriff drehen – ganz so, wie Sie es auch in Ihrem Alltagsleben tun würden. Wenn Sie gerade mit dem Auto fahren und vor Ihnen eine

rote Ampel auftaucht, dann warten Sie, bis die Ampel auf grün schaltet.

Greifen Sie zu drastischen Maßnahmen.
Wenn die normalen Regeln Ihrer Alltagswelt nicht greifen, dann sollten Sie das Ziel Ihres Tagtraumes nachdrücklicher verfolgen. Scheuen Sie sich nicht vor Gewaltlösungen. Schlagen Sie die Tür ein, wenn sie sich nicht öffnen lässt, oder gehen einfach durch sie hindurch. Fahren Sie an der roten Ampel einfach vorbei oder fahren sie gleich um. (Wohlgemerkt: Es handelt sich um Phantasien, nicht um die Alltagswelt!) Ich erlebe es in tiefen Tagträumen immer wieder, dass alleine durch den Entschluss, sich nicht mit einem Hindernis abzufinden, die Blockade verschwindet.

Ignorieren Sie das Problem
Gehen Sie nicht auf das Hindernis als Bestandteil Ihres Traumes ein. Lassen Sie seine Energie verpuffen. Öffnen Sie einfach eine andere Tür oder fahren an der roten Ampel einfach vorbei, ohne sie zu beachten. Das Ignorieren von Hürden in der Welt Ihrer Phantasie beseitigt selten das Grundproblem. Oft tritt es an anderer Stelle wieder zutage. Beispielsweise als eine weitere verschlossene Tür, oder als wütender Polizist, der Sie zur Rede stellen will. Gehen Sie auf solche Provokationen einfach nicht ein.

Zaubern Sie das Problem einfach weg

Das Wegzaubern von Phantasiewelt-Hindernissen bezeichnet man als magische Herangehensweise. Stellen Sie die Ampel einfach mir Gedankenkraft auf grün. Zaubern Sie die Tür einfach auf. Mit der magische Herangehensweise zeigen auf drastische Weise, dass *Sie* über Ihre Phantasien bestimmen.

Da alle Widerstände, Hindernisse und Beschränkungen Ihrer Tagtraumwelt Anteile Ihres Selbst sind, müssen Sie bei der magischen Herangehensweise damit rechnen, dass auch die hinter den Hindernissen stehenden Motive auf die magische Ebene wechseln. Möglicherweise können Sie sich jetzt gar nicht mehr daran erinnern, wieso Sie die Tür überhaupt öffnen wollten, oder Ihr Auto bleibt aus unerklärlichen Gründen vor der Ampel stehen und lässt sich nicht mehr anlassen .

Lassen Sie sich durch solche Spielereien nicht zur Aufgabe Ihres Tagtraums verleiten. Auseinandersetzungen auf magischer Ebene können mit einer guten Portion Sturheit und Durchhaltevermögen leicht gewonnen werden. Zeigen Sie Ihren Phantasiewelt-Widersachern, dass Sie allein über das Geschehen bestimmen. Ihnen kann nichts passieren. Im schlimmsten Fall fallen Sie aus Ihrer Phantasie heraus. Starten Sie dann einfach eine neue Reise.

Steigen Sie aus Ihrer Phantasiehandlung aus
Als letzte und radikalste Methode, mit Problemen während des Aufenthaltes im Reich der Phantasie fertig zu werden, gilt der Abbruch der laufenden Phantasiehandlung. Ein Phantasiewelt-Ausstieg sollte jedoch nicht zur Flucht werden. Beenden Sie Ihre Phantasiehandlung, erstellen einen neuen Handlungsplan und kehren in Ihr inneres Paradies zurück.

Das Auftreten von Problemen und Hindernissen während Ihrer Phantasien ist um so wahrscheinlicher, je mehr an Spontaneität Sie zulassen. Es sind jedoch gerade die intuitiven, spontanen und aus der Tiefe Ihrer Seele kommenden Eingebungen und Impulse, die eine lebendige und erfüllenden Reise in Ihr Land der Phantasie ausmachen. Geben Sie sich daher ruhig einmal Ihren Phantasien hin. Halten Sie sich aber wo es geht an Ihren Tagtraurentwurf.

6.7 Unkontrolliertes Einschlafen und Erinnerungsverlust

Eines der größten Probleme bei intensiven Erlebnissen im Land der Phantasie ist das unkontrollierte Einschlafen. Je bunter und lebensechter Ihre Exkursionen werden, desto mehr nähern Sie sich dem Schlaf. Glasklare Phantasiewelt-Erlebnisse gleichen immer einem Drahtseilakt zwischen dem Aufwachen aus der Phantasie und dem Einschlafen. Besonders wenn Sie sich zu sehr Ihrer Phantasiehandlung hingeben, bemerken Sie oft nicht, dass Sie sich bereits auf dem Wege zu einem ganz normalen Schlaftraum befinden. Sie erkennen die Nähe des Schlafes an kurzen Erinnerungslücken während ihrer Tagträume. Ein Gedächtnisverlust, der größere Tagtraumspannen oder gar Ihre gesamte Reise in der Welt der Phantasie betrifft, spricht dafür, dass Sie während Ihres Aufenthalts im Land der Phantasie richtig eingeschlafen waren.

Hüten Sie sich davor, während Ihrer Phantasiewelt-Exkursionen einzuschlafen. Wenn Sie sich erst einmal an das Einschlafen gewöhnt haben, nehmen Ihre phantastischen Erlebnisse die Funktion einer Einschlafübung an. Es würde Ihnen sehr schwer fallen, weiterhin während Ihrer Phantasien wach zu bleiben. Wenn Sie dreimal hintereinander bei einer tiefen, klaren Phantasie eingeschlafen sind, verlegen Sie Ihre Tagtraumausflüge in eine andere Tageszeit.

Eine andere Möglichkeit, um wach zu bleiben, besteht in der zeitlichen Begrenzung Ihrer Phantasiewelt-Reisen. Notfalls stellen Sie sich einen Wecker. Wenn Ihre Tagträume stabiler geworden sind, sollten Sie den Wecker wieder weglassen. Allerdings sind Reisen in die Welt der Phantasie in Erwartung des Weckerpiepsens nicht immer von Erfolg gekrönt.

Die richtige Balance zwischen einem Zuviel und einem Zuwenig an bewusster Kontrolle muss gelernt werden. Sie erfordert viel an Erfahrung und viele Stunden des Aufenthaltes in der Welt der Phantasie.

7 Und nun los!

Reisen in die Welt der Vorstellungen sind so vielfältig wie die Menschen, die sie entwerfen. Phantasien stillen den Hunger nach Zärtlichkeit, den Durst nach Erleben, das Verlangen nach Erholung und die Sehnsucht nach Nervenkitzel.

Den Schlüssel zu Ihren persönlichen Phantasien haben nur Sie. Dieses Buch will Ihnen zeigen, wie Sie ihn anwenden. Doch der Text kann das umfangreiche Thema der persönlichen Phantasien lediglich anreißen. Es liegt an Ihnen, weiter zu schreiten in Ihr Land der Freude und des Glücks. Also erleben Sie, was Sie schon immer erleben wollten. Gönnen Sie sich *die* Erfahrungen, auf die Sie bisher vergebens gewartet, und mit deren Verzicht Sie sich eigentlich schon abgefunden haben. Öffnen Sie Ihr privates Tor in die Welt der Glückseligkeit. Sie gehen hindurch und sind am Ort Ihrer Wunscherfüllung.

Worauf warten Sie noch? Fliegen Sie davon auf den Schwingen Ihrer Phantasie – in ein Land, das nur ein paar Gedanken weit entfernt ist ...

8 Kurzanleitung für den erfolgreichen Eintritt in Ihr persönliches Paradies

- Werden Sie sich Ihrer Wünsche klar. Welche Wünsche würden Sie sich gerne erfüllen? Was vermissen Sie besonders? Was würden Sie unendlich gerne erleben? Schreiben Sie Ihre Wünsche auf!
- Erstellen Sie sich anhand dieser Wünsche Phantasiewelt-Handlungspläne. Geben Sie jedem Handlungsplan eine lebendige und spannende Form. Ein Handlungsplan soll die Vorfreude auf Ihr eigentliches Phantasie-Erleben wecken und steigern. Entwerfen Sie sich auch einen Vorspann, der Sie thematisch von Ihrer Alltagswelt in Ihre Phantasiewelt geleitet.
- Suchen Sie sich einen Ort, an dem Sie gut entspannen können. Wo fühlen Sie sich ungestört? Gestalten Sie Ihre Startrampe in die Welt der Phantasie nach Ihrem Geschmack. Es können durchaus mehrere Orte sein, von denen Sie in die Welt Ihrer persönlichen Phantasien reisen.
- Reservieren Sie sich für Ihre Phantasien Zeit! Wann fällt es Ihnen am leichtesten vom Alltag los zu lassen und zu entspannen?

- Behalten Sie die Kontrolle über Ihre Gedanken. Üben Sie die Beobachtung Ihrer Gedanken, die Gedankenleere und die Gedankenkontrolle.
- Wiederholen Sie zum Einstieg in die Phantasiewelt Ihre Einleitung in Kurzform.
- Drehen Sie sich aus Ihrem Körper heraus. Löschen Sie für die Zeit der Tagtraumreise alle Beziehungen zur Alltagswelt.
- Starten Sie Ihren Tagtraum. Fangen Sie mit der Vorstellung der Phantasie-Umgebung an. Dann erzeugen Sie Ihren Traumkörper und beginnen mit der Handlung.
- Wie lange wollen Sie im Reich Ihrer Vorstellungen bleiben? Wenn Sie Ihren Aufenthalt im Land der Phantasie beenden möchten, entleeren Sie Ihr Denken und stellen sich Ihren Alltagskörper vor. Gleiten Sie vorsichtig in ihn hinein, bewegen Ihre Gliedmaßen, gähnen, strecke sich und stehen auf. Vermeiden Sie es, überstürzt aus Ihren Phantasien zu fliehen. Am besten, Sie setzen das im Entwurf vorgesehene, reguläre Ende in Szene.
- Ihre Alltagswelt hat Sie wieder. Denken Sie über Ihre Erlebisse in der Phantasiewelt nach. Aus jedem Tagtraum sollten Sie etwas mit in Ihren Alltag bringen.

Weitere Bücher von Rudolf Riedl

BELLETRISTK

Gefangen auf dem Schiff der Puppen
ISBN 3-8330-0215-8 100 Seiten EUR 6,00
Eine schöne Weltreise hätte es werden sollen. Doch schon nach wenigen Tagen auf See geraten die vier Urlauber in die Hände von Verbrechern. Als sie sich zur Flucht entschließen, taucht aus dem Nebel ein geheimnisvolles Schiff auf ...

Abenteuer rund um unser Baumhaus
ISBN 3-8330-0278-6 124 Seiten EUR 6,90
Einen Raketenschlitten bauen wollen die fünf Freunde, als nach der 7. Klasse die Sommerferien beginnen. Ehe es jedoch ans Konstruieren geht, muss erst ein geheimes Hauptquartier gefunden werden. Nach abenteuerlichem Suchen bauen die Jungen ein gewaltiges Baumhaus. Die ganzen Ferien über tragen sie alle notwendigen Dinge zusammen, um in der Krone einer mächtigen Eiche mitten im Wald ein komfortables Quartier zu errichten. Von hier aus unternehmen die Jungen waghalsige Streifzüge in eine nahe gelegene Tropfsteinhöhle, zu ersten amourösen Versuchen und schließlich wieder in die fast vergessene Schule. Ob der Raketenschlitten daneben überhaupt noch eine Chance hat?
"Abenteuer rund um unser Baumhaus" - eine aktionsreiche Sommergeschichte für junge Leute ab neun Jahren.

SACHBUCH

Sanfte Medizin für Ihre Zähne
ISBN 3-7626-0816-4 208 Seiten EUR 15,00
Für viele Menschen gehört der Besuch beim Zahnarzt zu den unangenehmsten Erlebnissen, die man sich vorstellen kann. Sanfte Medizin für Ihre Zähne zeigt Ihnen, wie Sie die Angst vor der Zahnbehandlung überwinden, sich bei Problemen im Mund selbst helfen und die Zahnpflege zu einer angenehmen Erfahrung machen.

Mit Vergnügen älter werden
ISBN 3-7626-0790-7 336 Seiten EUR 16,50
Ab dem 50sten Lebensjahr beginnt die Lebensphase, in der sich Menschen Erfüllung verdient haben. Mit Vergnügen älter werden ist voller Tipps und Tricks für ein drittes Alter voll glücklich machender Erfahrungen.

Wenn die Seele Urlaub macht
ISBN 3-7626-0752-4 232 Seiten EUR 15,50
Wenn die Seele Urlaub macht ist ein Lehrgang im Tagträumen. Sie lernen, wie Sie Ihre persönlichen Wünsche in bunte Erlebnisse umsetzen.

Erfolgreich tagträumen
ISBN 3-7626-0861-X 110 Seiten EUR 5,00
Erfolgreich tagträumen ist eine kleinformatige Ausgabe des Buches >Wenn die Seele Urlaub macht< aus der Reihe Nahrung für die Seele. Wer seine Tagtraumanleitungen stets griffbereit in der Jackentasche oder im Handtäschchen bei sich tragen möchte, finden Sie in diesem kleinen Bändchen das passende Format.

Der Himmel hinter dem Horizont

ISBN 3-8330-0327-8 190 Seiten EUR 12,00

Menschen, die bereits klinisch tot waren und mit Hilfe der Intensivmedizin ins Leben zurückgeholt werden konnten, berichten von Erlebnissen, die luziden Träumen gleichen. Unter der Voraussetzung, dass luzide Träume und Nahtodeserlebnisse von den gleichen seelischen Quellen gespeist werden, müsste mit dem Erlernen des luziden Träumens ein Blick ins Jenseits möglich sein.

Das Buch führt in die Kunst des luziden Träumens ein und gibt darüber hinaus wertvolle Tipps für Phantasiereisen in das persönliche Jenseits.

Die wesenszentrale Perspektive

ISBN 3-89206-885-2 358 Seiten   EUR 40,00

Die wesenszentrale Perspektive beschreibt die Welt des Menschen als Produkt seines Erlebens. In vier spannenden Kapiteln lernt der Leser ein Weltmodell kennen, das einerseits dem Weltbild der Physik diametral gegenüber steht, andererseits die Schwierigkeiten des Materialismus ausgleicht und glättet.

Mehr Infos zu den Büchern von Rudolf Riedl unter
www.Erlebenswelt.de/werke.htm